Rosa Anna Rizzo

GRAMMATICA INGLESE

VALLARDI

Antonio Vallardi Editore s.u.r.l.
Gruppo editoriale Mauri Spagnol

www.vallardi.it

Ristampe: 9 8 7 6 5 4 3 2 1 0
         2015 2014 2013 2012 2011

ISBN 978-88-7887-550-0

Sommario

I suoni e i segni

La lingua inglese, parlata da circa 400 milioni di persone in quasi ogni parte del mondo, è una delle più difficili da pronunciare perché i suoi suoni, a differenza di altre lingue (francese, tedesco, italiano), non seguono regole prestabilite. Una delle ragioni è l'influenza che hanno esercitato lingue diverse (celtico, latino, sassone, normanno) nella formazione dell'inglese; un'altra ragione è rappresentata dai numerosi cambiamenti di pronuncia che la lingua ha subito nel corso dei secoli. Così la parola *been* è stata pronunciata dapprima *bin* (*i* breve), poi *ben* e infine *bin* (*i* lunga). In America l'antica pronuncia *bin*, in uso ai tempi della colonizzazione, si è mantenuta fino a oggi, mentre in Inghilterra la pronuncia ora accettata è *bin* con la *i* lunga.

L'alfabeto

I segni che rappresentano i suoni di una lingua si chiamano lettere. L'insieme di lettere disposte in un ordine preciso costituisce l'alfabeto. L'alfabeto inglese si compone di 26 lettere:

A	*a*	/eɪ/	*N*	*n*	/en/
B	*b*	/biː/	*O*	*o*	/əʊ/
C	*c*	/siː/	*P*	*p*	/piː/
D	*d*	/diː/	*Q*	*q*	/kjuː/
E	*e*	/iː/	*R*	*r*	/ɑː/
F	*f*	/ef/	*S*	*s*	/es/
G	*g*	/dʒiː/	*T*	*t*	/tiː/
H	*h*	/eɪtʃ/	*U*	*u*	/juː/
I	*i*	/aɪ/	*V*	*v*	/viː/
J	*j*	/dʒeɪ/	*W*	*w*	/'dʌbljuː/
K	*k*	/keɪ/	*X*	*x*	/eks/
L	*l*	/el/	*Y*	*y*	/waɪ/
M	*m*	/em/	*Z*	*z*	/zed/

▌ L'alfabeto fonetico

È un alfabeto convenzionale, particolarmente ricco di simboli, creato per descrivere nel modo più esatto possibile la varietà di suoni di una lingua. Nell'alfabeto fonetico le consonanti:

p, b, t, d, k, m, n, l, r, f, v, s, z, h, w

non richiedono simboli particolari, utilizzati invece per indicare le vocali lunghe, le vocali brevi, i dittonghi e le altre consonanti:

vocali lunghe	vocali brevi	dittonghi	altre consonanti
i: *bean* /biːn/	ɪ *pit* /pɪt/	eɪ *bay* /beɪ/	g *game* /geɪm/
ɑː *barn* /bɑːn/	e *pet* /pet/	aɪ *buy* /baɪ/	tʃ *chain* /tʃeɪn/
ɔ: *born* /bɔːn/	æ *pat* /pæt/	ɔɪ *boy* /bɔɪ/	dʒ *jam* /dʒæm/
u: *boon* /buːn/	ʌ *putt* /pʌt/	əʊ *no* /nəʊ/	ŋ *long* /lɒŋ/
ɜ: *burn* /bɜːn/	ɒ *pot* /pɒt/	aʊ *now* /naʊ/	θ *thin* /θɪn/
	ʊ *put* /pʊt/	ɪə *peer* /pɪə*/	ð *then* /ðen/
	ə *other* /'ʌðə*/	eə *pair* /peə*/	ʃ *ship* /ʃɪp/
		ʊə *poor* /pʊə*/	ʒ *measure* /'meʒə/
			j *yes* /jes/

Avvertenze: la trascrizione fonetica usata in questo testo segue le norme della *International Phonetic Association*. Le trascrizioni con i simboli sono sempre chiuse tra barrette /keɪk/; il segno (ː) posposto a una vocale indica che il suono della vocale è lungo /siːt/; il segno (') precede la sillaba su cui cade l'accento tonico /kə'lekt/; il segno (*) indica che la vocale in fine di parola sottintende una *r* /'mʌðə*/.

▌ Le vocali

Sono rappresentate dalle lettere *a, e, i, o, u*; ogni lettera ha diversi suoni e molte sono le eccezioni. Vengono qui date pertanto solo alcune indicazioni:

a si pronuncia:
– *ei* /eɪ/ in fine di sillaba se seguita da consonante + *e* muta (*late* /leɪt/)
– *e* aperta /æ/ in sillaba accentata (*fat* /fæt/)

– *ea* con *e* aperta e *a* semimuta /eə/ se seguita da *re* finale (*care* /keə*/)
– *o* aperta e breve /ɒ/ nel gruppo *qua* (*quality* /'kwɒlətɪ/)
– *o* aperta e lunga /ɔ:/ se seguita da *l*, *ll* (*bald* /bɔ:ld/, *small* /smɔ:l/), nel gruppo *alk* (*l* muta, *talk* /tɔ:k/) e se preceduta da *w* (*water* /'wɔ:tə*/);

e si pronuncia:
– *i* lunga /i:/ nei monosillabi (*he* /hi:/)
– *e* aperta /e/ in sillaba accentata (*penny* /'penɪ/)
– *i* breve /ɪ/ nel suffisso -*less* (*senseless* /'senslɪs/) e in sillaba accentata (*pretty* /'prɪtɪ/);

! La *e* non si pronuncia in fine di parola (*come* /kʌm/) e spesso nelle desinenze verbali -*es*, -*ed* (*lives* /lɪvs/, *lived* /lɪvd/).

i si pronuncia:
– *ai* con la *i* breve /aɪ/ in sillaba accentata se seguita da consonante + *e* muta (*life* /laɪf/), in sillaba seguita dai gruppi -*gh* (muto, *sigh* /saɪ/), -*ght* (*gh* muto, *night* /naɪt/), -*gn* (*g* muta, *sign* /saɪn/), -*ld* (*mild* /maɪld/), -*nd* (*mind* /maɪnd/)
– *i* breve /ɪ/ nei monosillabi (*lift* /lɪft/)
– *e* semimuta /ɜ/ se seguita da *r* (*sir* /sɜ:*/);

! La semivocale *y* segue le stesse regole della *i*.

o si pronuncia:
– *o* chiusa seguita da *u* breve /əʊ/ in sillaba accentata (*rose* /rəʊz/) e in sillaba seguita da -*ld* (*cold* /kəʊld/)
– *o* aperta e breve /ɒ/ (*not* /nɒt/) nei monosillabi
– *o* aperta e lunga /ɔ:/ se seguita da *r* (*morning* /'mɔ:nɪŋ/)
– *e* semimuta e lunga /ɜ:/ come nel francese *heure* quando è preceduta da *w* e seguita da *r* (*work* /wɜ:k/)
– *u* lunga /u:/ quando è scritta doppia (*food* /fu:d/);

u si pronuncia:
– *iu* con la *u* lunga /ju:/ in sillaba accentata, se seguita da consonante + *e* muta (*tube* /tju:b/)
– *a* molto breve /ʌ/ in numerosi monosillabi e polisillabi (*but* /bʌt/, *custom* /'kʌstəm/)

– *e* semimuta e lunga /ɜ:/ come nel francese *heure* seguita da *r* (*murder* /'mɜ:də*/)
– *u* breve /ʊ/ se preceduta da *b, f, p* e seguita da *l, ll, sh* (*bush* /bʊʃ/, *beautiful* /'bju:təfʊl/, *pull* /pʊl/)
– *u* lunga /u:/) in sillaba accentata se preceduta da *l* o da *r* (*absolute* /'æbsəlu:t/, *rule* /ru:l/).

▌ I dittonghi

Sono suoni prodotti da due vocali pronunciate con una sola emissione di voce che si trovano nella medesima sillaba. I dittonghi accentati si pronunciano con il suono alfabetico della prima vocale, mentre la seconda vocale è muta (*coal* /kəʊl/, *mail* /meɪl/). Ci sono tuttavia diverse eccezioni:

ae si pronuncia *i* lunga /i:/ come in *seat* /si:t/;

ai, ay, ei, ey non accentati si pronunciano *i* breve /ɪ/ come in *captain* /'kæptɪn/, *money* /'mʌnɪ/;

ai seguito da *r* si pronuncia *ea* con la *a* semimuta /eə/ come in *chair* /tʃeə*/;

au, aw si pronunciano *o* aperta e lunga /ɔ:/ come in *fault* /fɔ:lt/, *law* /lɔ:/;

! Ma *aunt* /ɑ:nt/, *laugh* /lɑ:f/.

ea accentato si pronuncia:
– *e* aperta /e/ quando è seguito da *t, d* come in *sweat* /swet/, *bread* /bred/
– *e* semimuta e lunga /ɜ:/ in parole come *heard* /hɜ:d/, *earth* /ɜ:θ/
– *ea* con *e* aperta e *a* semimuta /eə/ come in *bear* /beə*/, *wear* /weə*/

! Ma *break* /breɪk/, *great* /greɪt/, *real* /rɪəl/, *heart* /hɑ:t/.

– *ia* con *i* breve e *a* quasi muta /ɪə/ se seguito da *r* come in *fear* /fɪə*/;

ew si pronuncia:
– *iu* con la *u* lunga /ju:/ come in *new* /nju:/, *few* /fju:/
– *u* lunga /u:/ se preceduto da *r* come in *crew* /kru:/;

ie si pronuncia:
– *i* lunga /iː/ come in *field* /fiːld/
– *ie* con *i* breve ed *e* semimuta /ɪə/ se seguito da *r* come in *pier* /pɪə*/;

! Ma *friend* /frend/.

oa seguito da *r* si pronuncia *o* lunga /ɔː/ come in *oar* /ɔː*/;

oi, *oy* si pronunciano con la *i* breve /ɔɪ/ come in *noise* /nɔɪz/, *boy* /bɔɪ/;

! Ma *choir* /ˈkwaɪə*/.

ou, *ow* si pronunciano *ao* con la *o* breve /aʊ/ come in *house* /haʊs/, *how* /haʊ/;

! Ma *soul* /səʊl/, *you* /juː/, *country* /ˈkʌntrɪ/, *ought* /ɔːt/.

ui si pronuncia:
– *ai* con la *i* breve /aɪ/ come in *guide* /gaɪd/
– *i* breve /ɪ/ come in *built* /bɪlt/
– *u* lunga /uː/ come in *fruit* /fruːt/
– *ui* con *u* lunga e *i* breve /uːɪ/ come in *suicide* /ˈsuːɪsaɪd/;

uy si pronuncia *ai* con la *i* breve /aɪ/ come in *buy* /baɪ/.

▌ Le consonanti

Sono suoni che si ottengono chiudendo il canale vocale completamente o in parte. Le consonanti *b*, *d*, *g*, *k*, *p*, *t* sono chiamate *stopped consonants* perché richiedono chiusura completa del canale vocale; *l*, *m*, *n*, *r*, *w*, *y* sono *open consonants* e richiedono solo chiusura parziale. Ci sono poi le *spirant consonants* *f*, *j*, *s*, *v*, *z*, che si articolano restringendo il canale vocale; l'unica consonante aspirata è la *h*.

b è sempre muta dopo la *m* e davanti alla *t* (*bomb* /bɒm/, *subtle* /ˈsʌtl/);

c si pronuncia:
– /k/ come nell'italiano **c**asa prima di *a*, *o*, *u* (*academy* /əˈkædəmɪ/, *cold* /kəʊld/, *cup* /kʌp/)

- /s/ come nell'italiano **s**ole prima di *e, i, y* (*centre* /'sentə*/, *city* /'sɪtɪ/, *cycle* /'saɪkl/)
- /ʃ/ come nell'italiano **sci**rocco quando *e, i* sono seguite da vocale (*ocean* /'əʊʃn/, *social* /'səʊʃl/);

cc si pronuncia:
- /k/ come in **c**asa prima di *o, u* (*account* /ə'kaʊnt/, *accustomed* /ə'kʌstəmd/)
- /ks/ prima di *e, i* (*accent* /'æksənt/, *accident* /'æksɪdənt/);

ch si pronuncia:
- /tʃ/ come nell'italiano **c**ibo in vocaboli di origine germanica (*chief* /tʃiːf/) o nel prefisso *arch-* se seguito da consonante (*archdeacon* /'ɒːtʃ'diːkən/)
- /k/ come nell'italiano **c**asa in vocaboli di origine greca o latina (*chiromancy* /'kaɪərəʊmænsɪ/, *chorus* /'kɔːrəs/), nella parola *ache* /eɪk/ e nel prefisso *arch-* se seguito da vocale (*archangel* /'ɑːk'eɪndʒəl/)
- /ʃ/ come nell'italiano **sci**rocco nelle parole di origine francese (*crochet* /'krəʊʃeɪ/);

! È muto in *yacht* /jɒt/.

d si pronuncia:
- *t* nella desinenza *-ed* dei verbi se preceduta da *k, p, s, sh, ch* (*hooked* /hʊkt/, *stopped* /stɒpt/, *crossed* /krɒst/, *crashed* /kræʃt/, *crouched* /kraʊtʃt/)
- /dʒ/ come nell'italiano **gi**ada in *soldier* /'səʊldʒə*/, *gradual* /'grædʒʊəl/;

! È muta nel gruppo *dge* (*edge* /edʒ/) e in parole come *Wednesday* /'wenzdɪ/, *handsome* /'hænsəm/, *handkerchief* /'hæŋkətʃɪf/).

f si pronuncia come in italiano;

! Ma *of* /ɒv/.

g si pronuncia:
- /g/ come nell'italiano **g**ara in fine di parola (*flag* /flæg/) o nei vocaboli di origine germanica davanti alle vocali *e, i* (*girl* /gɜːl/)

– /dʒ/ come nell'italiano **g**elo nelle parole di origine latina (*general* /'dʒenərəl/);

gh è muto dopo una vocale (*high* /haɪ/) o se seguito da *t* (*right* /raɪt/), ma si pronuncia /g/ come in **g**ara in principio di parola (*ghost* /gəʊst/);

gl, gn se in corpo di parola si pronunciano con le due consonanti staccate e la *g* è dura come in **g**ara (*glitter* /'glɪtə*/, *signal* /'sɪgnl/);

! Nel gruppo *gn* posto in principio o in fine di parola la *g* è muta (*to gnaw* /tu nɔː/, *foreign* /'fɒrən/).

gua, gue, gui hanno la *u* muta e la *g* dura come in **g**ara (*guard* /gɑːd/, *guest* /gest/, *guild* /gɪld/);

h è aspirata /h/ in principio di parola (*hat* /hæt/);

! È muta in *hour* /'aʊə*/, *heir* /eə*/, *honest* /'ɒnɪst/, *honour* /'ɒnə*/.

j, dj si pronunciano /dʒ/ come nell'italiano **g**iada (*job* /dʒɒb/, *adjective* /'ædʒɪktɪv/);

k si pronuncia /k/ come nell'italiano **c**asa (*key* /kiː/);

! È muta davanti a *n* (*knife* /naɪf/).

l si pronuncia come in italiano;

! È muta nei gruppi *alf, alk, alm, olk* (*calf* /kɑːf/, *talk* /tɔːk/, *palm* /pɑːm/, *folk* /fəʊk/).

m si pronuncia come in italiano;

mn se è in principio di parola ha la *m* muta (*mnemonic* /niː'mɒnɪk/), se è in fine di parola ha la *n* muta (*autumn* /'ɔːtəm/);

n si pronuncia come in italiano;

ng finale si pronuncia /ŋ/ come nell'italiano fa**ng**o (*eating* /'iːtɪŋ/);

p si pronuncia come in italiano;

! È muta davanti a *n, s, t* (*pneumonia* /njuːˈməʊnɪə/, *psychic* /ˈsaɪkɪk/, *receipt* /rɪˈsiːt/) ma si pronuncia nelle forme verbali in *-ept* (*slept* /slept/, *accept* /əkˈsept/).

ph si pronuncia *f* (*philosophy* /fiˈlɒsəfɪ/);

q seguita da *u* si pronuncia /kw/ come nell'italiano **qu**adro (*quite* /kwaɪt/);

! Si pronuncia /k/ come in **c**asa e la *u* che segue è muta in *quay* /kiː/, *antique* /ænˈtiːk/.

r si pronuncia all'inizio di parola (*red* /red/);

! Non si pronuncia in corpo o in fine di parola, ma si allunga invece il suono della vocale che la precede (*farm* /fɑːm/, *car* /kɑː*/).

s si pronuncia:
– /s/ come nell'italiano **s**ole all'inizio di parola o di sillaba (*sleep* /sliːp/, *curse* /kɜːs/), nel plurale (*boys* /bɔɪs/), nel genitivo sassone (*mother's* /ˈmʌðəs/) e nella terza persona singolare del verbo quando è preceduta da *k, p, t* (*speaks* /spiːks/, *keeps* /kiːps/, *lets* /lets/)
– /z/ come in ro**s**a se preceduta da altre consonanti (*dreams* /driːmz/) e quando si trova fra due vocali (*busy* /ˈbɪzɪ/)
– /ʒ/ come la *j* francese di *jour* in parole come *seizure* /ˈsiːʒə*/, television /ˈtelɪˈvɪʒn/;

! È muta in *isle* /aɪl/ (*island* /ˈaɪlənd/, *aisle* /aɪl/).

sc si pronuncia /s/ come in **s**ole davanti a *e, i, y* (*scent* /sent/, *science* /ˈsaɪəns/, *scythe* /saɪð/);

! Fa eccezione *sceptic* /ˈskeptɪk/.

sch si pronuncia *sk* (*school* /skuːl/);

sh si pronuncia /ʃ/ come *sc* di **sc**ena (*shop* /ʃɒp/);

! Ogni consonante posta tra una *s* e un'altra consonante è muta (*Christmas* /ˈkrɪsməs/, *muscle* /mʌsl/).

t si pronuncia come in italiano;

! È muta nei gruppi *ften, sten, stle* (*often* /ɒfn/, *listen* /lɪsn/, *castle* /kɑːsl/).

w si pronuncia /w/ con suono di *u* semivocalica come nell'italiano **u**ovo (*wet* /wet/);

! È muta in alcune parole come *answer* /'ɑːnsə*/, *sword* /sɔːd/ e nel gruppo *wr* (*to write* /tu raɪt/).

x si pronuncia *ks* con la *s* di **s**ole (*export* /'ekspɔːt/);

! Si pronuncia *gs* con la *s* di ro**s**a davanti a vocale accentata (*examine* /ɪg'zæmɪn/).

z si pronuncia /z/ come nell'italiano ro**s**a (*zoo* /zuː/).

Il gruppo *th*

- Ha suono sonoro e dolce (si pronuncia tenendo la lingua tra i denti e pronunciando una *z*) nell'articolo determinativo (*the* /ðə/), nei dimostrativi (*this* /ðɪs/) e in alcune parole di origine germanica quando si trova tra due vocali (*mother* /'mʌðə*/).

- Ha suono sordo e duro (si pronuncia mettendo la lingua fra i denti e soffiando leggermente) negli alul casi (*thick* /θɪk/, *both* /bəʊθ/).

La sillaba

Le parole sono costituite da suoni che non si pronunciano separatamente ma per gruppi. Ogni gruppo di suoni corrisponde a un'emissione di voce e forma una sillaba. La parola *but* è costituita da una sola sillaba, la parola *frugal* da due (*fru-gal*), la parola *generally* da tre (*gen-er-ally*), la parola *laboratory* da quattro (*la-bor-at-ory*). Ogni sillaba contiene almeno una vocale.

Una parola si chiama monosillabo se è costituita da una sola sillaba, polisillabo se è costituita da più sillabe (bisillabo se è di due sillabe, trisillabo se di tre, quadrisillabo se di quattro).

Nella divisione in sillabe, le parole possono essere spezzate solo

mantenendo intatta l'unità della sillaba. Le regole per la sillaba-
zione, importanti quando si deve andare a capo, sono molte e
complesse; si rimanda quindi all'uso del Dizionario College Inglese A.Vallardi, dove i puntini posti tra le sillabe ne indicano l'e-
satta divisione (*la.bor.at.ory*). Le parole composte vanno divise
sempre nelle parti che le costituiscono (*house.boat*, *ash.tray*).

L'ortografia

In inglese non c'è corrispondenza perfetta tra i suoni e i segni che
li rappresentano e solo con la pratica si può imparare come si scrivono correttamente le parole. Ecco alcune osservazioni utili per
evitare gli errori più comuni:

- i nomi che terminano in **-y** preceduta da consonante cambiano
  la *-y* in **-i** davanti a tutti i suffissi, eccetto *-ing*, e alle desinenze
  (*easy* → *easily; try* → *trying; testify* → *testifies*); fanno eccezione *sly* → *slyly, shy* → *shyly*;
- i verbi che terminano in **-ie** cambiano *-ie* in **-y** prima di aggiungere **-ing** (*lie* → *lying*);
- i nomi che terminano in **-f/-fe** formano il plurale in **-ves** (*wolf*
  → *wolves*, *life* → *lives*); fanno eccezione *chief* → *chiefs, roof*
  → *roofs*, *reef* → *reefs*, *grief* → *griefs*, *gulf* → *gulfs*, *belief* →
  beliefs;
- la **-e** finale solitamente cade davanti a suffissi che iniziano per
  vocale quali **-ing**, **-able**, **-ous** (*hope* → *hoping*, *note* → *notable*,
  fame → *famous*);
- in British English la **-l** finale raddoppia sempre davanti a un
  suffisso o a una desinenza (*travel* → *travelling*, *travelled*, *trav-
  eller*);
- molti verbi possono terminare sia in **-ise**, più comune in British
  English, sia in **-ize** (*organise/organize*).

▌ Ortografia e pronuncia

Molto spesso le parole si scrivono in modo diverso da come si
pronunciano. Ecco alcuni casi comuni (le lettere fra parentesi non
si pronunciano):

- *clim(b), com(b), lam(b), dum(b)*;
- *ca(l)m, ta(l)k, wa(l)k*;
- *san(d)wich, We(d)nesday*;
- *cu(p)board*;
- *bou(gh)t, cau(gh)t, thou(gh)t*;
- *i(s)land, i(s)le*;
- *(k)nife, (k)nock, (k)nee*;
- *cas(t)le, lis(t)en, Chris(t)mas, fas(t)en.*

L'accento

L'accento è l'intensità maggiore con cui si pronuncia una sillaba per darle particolare rilievo.
Nella trascrizione fonetica di una parola, la sillaba accentata o tonica è preceduta dal segno ('): *confident* /kɒnˈfɪdænt/. Una sillaba priva di accento si chiama atona.

L'intonazione

L'*intonation* è la 'melodia' della lingua parlata che si ottiene variando l'altezza del tono della voce. Il sistema che regola l'intonazione è molto complesso, si può tuttavia osservare che:

- alzare il tono può indicare che chi parla vuole cambiare argomento;
- alzare o abbassare il tono nel pronunciare una parola specifica significa che essa è il punto centrale del messaggio che si intende trasmettere;
- concludere con un tono che si abbassa può sottolineare la fine del discorso o una certezza;
- concludere con un tono che si alza significa che c'è ancora altro da dire o che s'intende invitare qualcun altro a continuare.

L'intonazione, al pari del tipo di voce, del volume o della velocità con cui si parla, esprime anche lo stato d'animo di una persona.

L'apostrofo

L'apostrofo si usa:

■ nelle forme contratte, per indicare la caduta di una o più lettere:

it is/it has → *it's*

■ nel genitivo sassone:

the girl's father il padre della ragazza

La punteggiatura

La punteggiatura serve a separare con appositi segni gli elementi che formano un testo scritto (parole, frasi). I segni sono:

■ il **punto** (*full stop*). Indica la conclusione di una frase:

This is the road to Venice.
  Questa è la strada per Venezia.

■ Si usa inoltre

• nei decimali

3.5 (NON: *3,5*)

• per indicare l'ora

2.30 p.m.

• dopo le abbreviazioni, anche se nell'inglese moderno non è obbligatorio:

U.S.A./USA, *a.m./am*

■ i **due punti** (*colon*). Indicano una pausa e introducono:

■ una precisazione o la spiegazione di ciò che si è detto immediatamente prima

The skirt is available in many materials: wool, cotton and nylon
La gonna è disponibile in molti tessuti: lana, cotone e nylon

■ un contrasto tra due affermazioni

In Great Britain licensing hours are rigidly controlled: on the Continent alcoholic drinks are available at any hour of the day
In Gran Bretagna le ore in cui è consentita la vendita di alcolici sono rigorosamente stabilite: nell'Europa continentale le bevande alcoliche si possono acquistare a tutte le ore

■ il discorso diretto

   Helen said: "I can't remember his name"
   Helen disse: "Non ricordo il suo nome"

■ il **punto e virgola** (*semicolon*). Viene usato in frasi grammaticalmente indipendenti, ma collegate nel significato. È meno forte del punto:

   Some people work best in the mornings; others do better in the evenings
   Alcuni danno il meglio di sé al mattino; altri lavorano meglio alla sera

■ la **virgola** (*comma*). Indica una breve pausa:

■   si usa:

• nelle enumerazioni

   I went to Spain, Italy, Austria and Germany
   Sono stato in Spagna, Italia, Austria e Germania

• per delimitare un inciso

   We were, believe it or not, in love with each other
   Eravamo, che tu lo creda o no, innamorati

• per delimitare una frase relativa che esprime un concetto non necessario alla comprensione della principale

   The driver, who did not have an insurance policy, admitted his responsibility for the accident
   Il guidatore, che non aveva una polizza di assicurazione, ammise la sua responsabilità nell'incidente

• dopo una subordinata condizionale (introdotta da *if*) quando precede la frase principale

   If you are ever in London, come and see me
   Se verrai a Londra, passa a trovarmi

• per separare le migliaia

   6,435 (NON: *6.435*)

■ non si usa:

• quando una frase relativa introduce una determinazione necessaria alla principale

   The man who sold the car was deaf
   L'uomo che ha venduto l'auto era sordo

- davanti a *that*, *what*, *where* ecc. nel discorso indiretto

  I didn't know where I should go
  Non sapevo dove avrei dovuto andare

- il **punto interrogativo** (*question mark*). Conclude una domanda:

  What is all for?
  A che cosa serve tutto questo**?**

- il **punto esclamativo** (*exclamation mark*). Si scrive dopo un'e-sclamazione, un ordine o un'invocazione:

  Good Lord!
  Buon Dio!
  Stop!
  Fermati!

- le **virgolette** (*inverted commas*). Possono essere doppie o sem-plici:

- si usano doppie

- per delimitare il discorso diretto

  "Can you remember Alfred's last words?"
  "Ricordi le ultime parole di Alfred?"

- per citare una frase scritta o detta da un'altra persona usando le sue stesse parole

  Alfred's last words were "Thank you"
  Le ultime parole di Alfred furono "Grazie"

- si usano semplici

- per dare particolare enfasi ad alcune parole nella frase

  A textbook can be 'a bridge' between teacher and students
  Un libro di testo può essere 'un ponte' fra insegnante e studenti

- con i titoli delle opere

  His next book was 'Lord of the Flies'
  Il suo libro seguente fu "Lord of the Flies"

- il **trattino** (*hyphen*). È un segno breve che unisce tra loro pa-role o espressioni:

  ticket-office biglietteria, *ex-husband* ex marito

- la **lineetta** (*dash*). È un trattino lungo che si usa per delimitare un inciso; crea uno stacco più forte della virgola:

My hushand – who rarely gets angry – really lost his temper
Mio marito – che si arrabbia raramente – perse completamente la
calma

- le **parentesi** (*brackets*) racchiudono un inciso non essenziale
  alla comprensione della frase:

  *The report clearly states (see page 15) that the chairman had to
  leave the meeting before its conclusion*
  Il verbale riporta chiaramente (vedi pag. 15) che il presidente
  dovette lasciare la riunione prima che si concludesse

L'uso delle maiuscole

Le maiuscole si usano all'inizio di ogni periodo e del discorso
diretto:

None of us can come
Nessuno di noi può venire
He said: "Your are wrong"
Disse: "Hai torto"

Si scrivono inoltre con l'iniziale maiuscola:

- i nomi di giorni, mesi, festività:

  Sunday domenica; *May* maggio; *Easter* Pasqua

- i nomi geografici e astronomici:

  Scotland la Scozia, *Mars* Marte

- i nomi propri di persone e cose:

  William Guglielmo; *Abraham Lincoln* Abramo Lincoln; *the Sphinx*
  la Sfinge; *the Odeon Cinema* il cinema Odeon

- i titoli di persona:

  Professor Jones il Professor Jones; *the Managing Director*
  l'Amministratore Delegato

- nomi e aggettivi di nazionalità, lingue, religioni, gruppi etnici e
  religiosi:

  He's Italian
  È italiano
  We speak German
  Parliamo tedesco

*The chief of the **C**atholic **C**hurch*
Il capo della chiesa cattolica

- i titoli di libri, giornali, film, opere teatrali:

  'Gone with the Wind' (anche *'Gone with the wind'*)
  "Via col vento"

Le parole

La parola è un suono o un gruppo di suoni cui corrisponde un significato e un segno di scrittura. Le parole sono gli elementi fondamentali di una lingua perché attraverso la loro combinazione avviene la comunicazione linguistica.

La struttura delle parole

Quasi sempre le parole possono essere scomposte in due o più elementi.

▍ Radice

La radice (*root*) è l'elemento presente in una famiglia di parole che contiene l'idea comune fondamentale:

handcuff, **hand**ful, **hand**less, **hand**shake

Molte parole inglesi derivano da radici di parole latine:

latino	inglese
audio	*audience*
credo	*credible, credit*
gradus	*gradual*
gratus	*grateful, gratitude*
magister	*magistrate*
narro	*narrate, narrative*
pax	*pacifist, pacify*
potens	*potent*
solus	*solitary, soliloquy*
solvo	*solution, solvent*
video	*evident, visible, visual*
vinco	*victory, convince*

▌ Prefisso

Il prefisso (*prefix*) è un elemento che, preposto a una parola, ne modifica il significato e spesso ne conferisce uno opposto:

appointed designato, scelto   **dis**appointed deluso, scontento
regular regolare   **ir**regular irregolare

Principali prefissi

La maggior parte dei prefissi è di derivazione latina, solo alcuni (*) sono di origine greca. Si riportano qui di seguito i principali con il rispettivo significato (colonna centrale):

ab-	distanza	**ab**stract
ad-	avvicinamento	**ad**vance, **ad**mire
*amphi-**	in entrambi i modi	**amphi**bious
	intorno	**amphi**theatre
*an-**	non	**an**archy
ante-	prima, davanti	**ante**cedent
*anti-**	contro	**anti**thesis
*arch-**	grado superiore	**arch**bishop
bi-	doppio	**bi**cycle, **bi**noculars
circum-	intorno	**circum**ference
com-	con	**com**pact, **com**pose
dis-	separazione	**dis**appear
ex-	fuori da	**ex**patriate
inter-	tra	**inter**national
mis-	erroneamente	**mis**understood
ob-	contro	**ob**jection
post-	dopo	**post**pone
pre-	prima, davanti	**pre**cede
re-	indietro, all'indietro	**re**peat, **re**claim
sub-	sotto	**sub**way
trans-	attraverso	**trans**port
un-	non	**un**known

▌ Suffisso

Il suffisso (*suffix*) è un elemento che, posposto a una parola, ne modifica il significato in vari modi:

- può indicare chi compie l'azione:

  reader lettore, *farmer* fattore

- può creare un aggettivo:

  wooden di legno, *useful* utile

- può formare un nome astratto:

  justice giustizia, *arrogance* arroganza

- può formare un avverbio:

  slowly lentamente, *properly* appropriatamente

Principali suffissi

-able, -ible, -uble	*memorable, flexible, soluble*
-age	*marriage, suffrage*
-al, -ial	*regal, circumstantial*
-an, -ain, -en	*Italian, certain, warden*
-ard	*steward, drunkard*
-ate	*accurate*
-dom	*freedom*
-er, -eer, -or	*painter, engineer, doctor*
-ess	*actress, waitress*
-ful	*useful, doubtful*
-hood	*childhood*
-ing	*running, spending*
-ion	*indignation, religion*
-ise, -ize	*advertise, summarize*
-ish	*childish*
-ism	*materialism, criticism*
-less	*homeless*
-ly	*softly*
-ness	*darkness*
-ous	*nervous*
-ship	*relationship, friendship*
-ty	*poverty, cruelty*
-wise	*otherwise, clockwise*
-y	*greedy, hairy*

La frase

La frase (*sentence*) è un pensiero di senso compiuto espresso con parole. È costituita da tante proposizioni quanti sono i predicati che contiene. La frase può essere:

- **semplice**, se formata da un'unica proposizione:

  Twenty people were killed (predicato)
  Venti persone furono uccise

  There was (predicato) *no wind*
  Non c'era vento

! La frase semplice può anche essere un'esclamazione o un imperativo:

  Bother!
  Accidenti!

  Stop!
  Fermati!

- **composta**, se formata da due o più proposizioni collegate da *and* e, *but* ma, *so* così:

  *He called at the house **but** I was out*
  Passò da casa **ma** io ero fuori

- **complessa**, se formata da più proposizioni di cui almeno una secondaria:

  *The friend **who came to see me** stayed quite a long time*
  L'amico **che è venuto a trovarmi** si è fermato a lungo

Elementi della proposizione

Gli elementi principali di una proposizione sono:

- il **soggetto**, cioè la persona o cosa che compie o subisce l'azione;
- il **predicato**, cioè l'elemento della frase che esprime l'azione del soggetto, ne specifica lo stato o gli attribuisce una qualità;
- i **complementi**, che servono a completare il senso della frase.

Proposizione e periodo

Due o più proposizioni unite fra loro da un legame logico formano il perodo. Secondo la funzione che svolge nel periodo la proposizione può essere:

■ **principale**, se si regge grammaticalmente e logicamente da sola:
My name is Bob   **Mi chiamo Bob**

■ **secondaria** o **subordinata**, se dipende da una proposizione
principale:
*I can't remember the name of the girl **who was sitting next to me at
the restaurant***
Non ricordo il nome della ragazza **che era seduta accanto a me al
ristorante**

Periodo ipotetico

Il periodo ipotetico è l'insieme di due proposizioni di cui la subordinata (*if clause* frase ipotetica) esprime un'ipotesi affermativa o negativa, i cui sviluppi sono descritti nella principale che la
regge. Il periodo ipotetico si distingue in:

■ periodo ipotetico della **realtà**: l'ipotesi presente reale prospetta una conseguenza futura certa. Si costruisce con *if* + presente + *will* + infinito:

*If you don't leave now you **will arrive** late*
Se non uscirai ora **farai** tardi

! Si può usare il futuro dopo *if* se l'azione della principale è antecedente a quella della subordinata

*I'll accept the invitation, **if** that **will make** you happy*
Accetterò l'invito **se** ciò ti **renderà** felice

■ periodo ipotetico della **possibilità**: l'ipotesi presente, possibile
ma poco probabile, prospetta un'eventualità futura altrettanto
incerta. Si costruisce con *if* + passato semplice + *would* + infinito:

*If he **had** a chance he **would change** his job*
Se ne **avesse** l'occasione **cambierebbe** lavoro

■ periodo ipotetico della **irrealtà nel presente o nel futuro**: l'i-
potesi presente, non ritenuta vera né possibile, prospetta un'e-

ventualità futura irrealizzabile. Si costruisce con *if* + passato semplice + *would* + infinito:

If I **had** *a year's holiday* I **would travel** *around the world*
Se avessi un anno di vacanza **farei** il giro del mondo

- periodo ipotetico della **irrealtà nel passato**: l'ipotesi passata che non si è realizzata prospetta un'eventualità che non ha potuto verificarsi. Si costruisce con *if* + trapassato + *would have* + participio passato:

If I **had played** *tennis with him* I **would have won**
Se avessi giocato a tennis con lui **avrei vinto**

Ordine delle parole

All'interno della proposizione l'ordine delle parole (*word order*) è di norma il seguente:

soggetto	verbo	oggetto	complemento
The Smiths	*bought*	*a house*	*in the country*
Gli Smith	comprarono	una casa	in campagna

- Il soggetto **precede il verbo**:
- nelle frasi affermative

  She *wrote to him several letters*
  Lei gli scrisse numerose lettere

- nelle frasi negative

  She *didn't write to him any letter*
  Lei non gli scrisse alcuna lettera

- Il soggetto **segue il verbo**:
- nelle frasi interrogative

  Did **she** *send you many letters?*
  Ti ha mandato molte lettere?

- nelle *question tags* (vedi pag. 178)

  It's cold, isn't **it**?
  Fa freddo, non è vero?
  It's not warm, is **it**?
  Non fa caldo, vero?

- nelle risposte brevi dopo *so* così e *nor/neither* nemmeno

  "She likes Mozart" "So do I"
  "A lei piace Mozart" "Anche a me"

  "I don't drink beer" "Nor do I"
  "Non bevo birra" "Nemmeno io"

- per dare maggior enfasi alle frasi che iniziano con una negazione assoluta o con *here*, *there* nel significato di 'ecco'

  ***Never** had **I** met such a girl*
  Mai avevo incontrato una ragazza simile

  Here** is **your car
  Ecco la tua auto

La concordanza

È l'insieme delle norme che regolano l'accordo delle parole all'interno della frase. Gli elementi su cui si fonda la concordanza sono:

- il **genere** (maschile, femminile o neutro);
- il **numero** (singolare o plurale);
- la **persona** (prima, seconda o terza).

Aggettivo e nome

- Gli aggettivi inglesi sono di norma invariabili per genere e per numero:

a **good** father	un **bravo** padre
a **good** mother	una **brava** madre
some **good** parents	dei **bravi** genitori

! Fanno eccezione:

  i dimostrativi che hanno forme diverse per il singolare e il plurale

that boy	**quel** ragazzo
those boys	**quei** ragazzi

  l'aggettivo possessivo di terza persona singolare che concorda nel genere con il possessore (non con la cosa posseduta)

  *My **uncle** sold **his** house*
  Mio zio ha venduto la **sua** (di lui) casa

  *Lucy wore **her** new raincoat*
  Lucy indossava il **suo** (di lei) impermeabile nuovo

  *My **dog** ate **its** biscuits*
  Il mio cane ha mangiato i **suoi** (di esso) biscotti

OSSERVAZIONI

- Quando il possessore è un nome o un pronome plurali, anche le cose possedute vanno messe al plurale:

*The **bandits** took out their **pistols***
I **banditi** estrassero la **pistola**

- Con gli indefiniti si usa il possessivo ***their***:

  *If **anyone** wants to give **their** opinion*
  Se **qualcuno** vuole esprimere la **sua** opinione

Verbo e soggetto

Il verbo generalmente concorda con il soggetto nel numero, tuttavia:

- se il soggetto è un nome **collettivo** si può avere il verbo:
- al **singolare** se il soggetto è inteso come un tutto

  *The government **is** in trouble*
  Il governo **è** in difficoltà

- al **plurale** se si considerano i componenti che lo costituiscono

  *The government **are discussing** cloning*
  Il governo **sta discutendo** la clonazione

- se vi sono più soggetti uniti da *and* il verbo va al **plurale**:

  *The milk, the butter **and** the eggs **are** in the fridge*
  Il latte, il burro **e** le uova **sono** nel frigo

- se vi sono più soggetti singolari uniti da *or* il verbo va al **singolare**:

  *The cat **or** the dog **has broken** my favourite flower pot*
  Il gatto **o** il cane **hanno rotto** il mio vaso da fiori preferito

! Con *neither ... nor* né ... né + soggetti singolari il verbo è di norma al **singolare**:

  *Neither Arthur **nor** Evelyn **was** at home*
  In casa non **c'erano né** Arthur **né** Evelyn

Il nome

Si definiscono nomi o sostantivi le parole che designano persone, animali o cose. Se indicano entità che esistono materialmente (p.e. *cat*, *flower*, *sun*) i nomi sono detti **concreti**, se indicano cose che si possono concepire solo con la mente (p.e. *love*, *hope*, *thought*) i nomi sono detti **astratti**.

Si chiamano **comuni** i nomi che designano una persona, un animale o una cosa in modo generico, comune a tutti gli altri della stessa specie (p.e. *the doctor*, *the dog*, *the river*), si chiamano **propri** i nomi che designano una persona, un animale o una cosa in modo specifico, unico rispetto agli altri della stessa specie (p.e. *Mr Ford*, *Black*, *the Thames*).

Il genere

In inglese il genere è:

- **maschile** per persone o animali di sesso maschile:

  man uomo, *cock* gallo

- **femminile** per persone o animali di sesso femminile:

  woman donna, *hen* gallina

- **neutro** per cose e animali di cui non si specifica il sesso:

  book libro, *cat* gatto

! Sono spesso femminili:
  i nomi di imbarcazioni

  *The **ship** has struck an iceberg, **she**'s sinking*
  La nave ha urtato un iceberg, sta affondando

  le automobili per chi le guida o le possiede

  *I like my new **car**. **She** is really comfortable*
  Mi piace la mia nuova auto. È veramente comoda

i nomi di paesi considerati politicamente

*Italy has decided to increase **her** trade with Korea*
L'Italia ha deciso di incrementare gli scambi commerciali con la Corea

Formazione del femminile

- La maggior parte dei nomi ha una forma unica per il maschile e il femminile:

  pupil allievo/a, *cook* cuoco/a

- Alcuni nomi cambiano suffisso al femminile:

- i nomi in *-man* formano il femminile con *-woman*

  *police**man*** → *police**woman***

- i nomi in *-or* hanno il femminile in *-ress*

  actor → *act**ress***

- Altri nomi hanno forme diverse per i due generi:

  father padre → ***mother*** madre, ***uncle*** zio → ***aunt*** zia, ***bull*** toro → ***cow*** mucca

I nomi composti

- Sono costituiti da **nome + nome**; il primo elemento, che assume valore di aggettivo specificando il secondo, è sempre singolare:

  *a **war film*** un film di guerra, *a **horse race*** una corsa di cavalli

- Formano talvolta una parola unica, con o senza trattino di congiunzione:

  water-plant pianta acquatica, ***teaspoon*** cucchiaino da tè

USO

- I nomi composti si usano per indicare:

- il materiale

  *a **silk dress*** un abito di seta

- la quantità

  *a **ten-pound** note* una banconota da dieci sterline

- il tempo

  *the **evening news*** le notizie della sera

- lo scopo

  *the **traffic lights*** il semaforo

- il luogo

  *a **country house*** una casa di campagna

- il tipo o la categoria

  *a **love story*** una storia d'amore, *a **baseball player*** un giocatore di baseball

! Non si formano per indicare il contenuto: *a **cup** of **tea*** una tazza di tè (NON: *a teacup* una tazza per il tè).

Nomi composti da nome + 's + nome

Indicano cose **usate** o **prodotte** da persone o animali; il primo nome indica la persona o l'animale:

  *a **child's toy*** il giocattolo di un bimbo, ***birds' nests*** i nidi degli uccelli

(Per le regole sull'uso di *'s/'* vedi Genitivo sassone, pag. 42).

Nomi numerabili e non numerabili

- Sono **numerabili** i nomi che possono essere quantificati con un numero e usati sia al singolare sia al plurale:

  a cat un gatto, *three cats* tre gatti

- Sono **non numerabili** i nomi solo singolari che non possono essere quantificati con un numero o con l'articolo *a/an*:

  water acqua, *butter* burro

  (Per l'uso vedi Nomi solo singolari, pag. 38).

La formazione del plurale

- I nomi numerabili formano il plurale di norma aggiungendo **-s**:

  pencil matita → *pencils*, *place* luogo → *places*

■ Aggiungono *-es* i nomi che terminano in *-s*, *-sh*, *-ch*, *-x*, *-z*:

singolare		**plurale**
bus	autobus	*bus**es***
crash	incidente	*crash**es***
church	chiesa	*church**es***
box	scatola	*box**es***
buzz	ronzio	*buzz**es***

■ I nomi in *-o* prendono:

■ *-s* se la *-o* è preceduta da vocale o se sono di origine straniera

zoo → *zoo**s***, *soprano* → *soprano**s***

■ *-es* negli altri casi

hero eroe → *hero**es***

■ I nomi in *-y*:

■ aggiungono *-s* se la *y* è preceduta da **vocale**

day giorno → *day**s***

■ trasformano la *y* in *i* e aggiungono *-es* se la *y* è preceduta da **consonante**

party festa → *part**ies***

■ I nomi in *-f(e)* hanno generalmente il plurale in *-ves*:

leaf foglia → *leaves*, *wife* moglie → *wives*

! Fanno eccezione

roof tetto → *roofs*, *chief* capo → *chiefs*, *cliff* scogliera → *cliffs*

Plurali particolari

■ Formano il plurale irregolarmente i sostantivi:

singolare	**plurale**	
child	*children*	bimbo, bimbi
foot	*feet*	piede, piedi
goose	*geese*	oca, oche
man	*men*	uomo, uomini
mouse	*mice*	topo, topi
ox	*oxen*	bue, buoi

tooth	teeth	dente, denti
woman	women	donna, donne

- Formano il plurale secondo le regole della lingua d'origine la gran parte dei sostantivi di derivazione greca o latina:

singolare	plurale
analysis analisi	*analyses* (greco)
basis base	*bases* (greco)
crisis crisi	*crises* (greco)
medium mezzo	*media* (latino)
phenomenon fenomeno	*phenomena* (greco)
terminus termine	*termini* (latino)

! Fra le eccezioni:

dogma → dogmas, formula → formulas

Plurale dei nomi composti

Aggiungono la **-s** del plurale:

- al secondo elemento i nomi formati da due sostantivi:

  shoeshop negozio di scarpe → *shoeshops*

- al primo sostantivo i nomi formati da sostantivo + preposizione + sostantivo:

  sister-in-law cognata → *sisters-in-law*

- al sostantivo i nomi formati da sostantivo + avverbio:

  passer-by passante → *passers-by*

Nomi solo singolari

- Sono nomi non numerabili che hanno pertanto solo il singolare. Vi appartengono:

- i nomi di sostanze

bread	pane
cloth	tessuto/i
glass	vetro
wood	legno

■ i nomi astratti

advice	consiglio/i
beauty	bellezza/e
experience	esperienza/e

■ i nomi seguenti

business	affari
chess	scacchi
damage	danno
furniture	mobilia/mobili
hair	capelli
information	informazione/i
luggage	bagaglio/i
news	notizie
work	lavoro

■ Non sono mai preceduti da *a/an* o da un numero e il verbo che li accompagna è sempre al singolare:

*Your **hair is** really long!*
I tuoi **capelli sono** veramente lunghi!

*The latest **news is** encouraging*
Le ultime **notizie sono** incoraggianti

■ Possono essere preceduti da altre parole o espressioni che li quantificano, quali:

■ *some, any, no, a little*

*Give me **some** bread, please*
Dammi **del** pane, per favore

■ *a piece of, a bit of*

***a piece of** furniture* **un** mobile, ***a piece of** news* **una** notizia, ***a bit of** advice* **un** consiglio

■ Alcuni nomi non numerabili hanno un secondo significato per il quale esiste una forma plurale:

cloths	stracci
damages	risarcimenti
glasses	bicchieri, occhiali
hairs	peli

woods	boschi
works	lavori pubblici

▌ Nomi solo plurali

Sono solo plurali:

- ▪ i nomi di oggetti composti di due parti:

binoculars	binocolo
braces	bretelle
glasses	occhiali
jeans	jeans
scales	bilancia
scissors	forbici
trousers	pantaloni

- ▪ alcuni sostantivi fra i quali:

cattle	bestiame
customs	dogana
goods	merce
people	gente
police	polizia

! Il verbo che li accompagna è sempre alla terza persona plurale

*The **police are** investigating* (NON: *The police is ...*)
La **polizia sta** conducendo delle indagini

▌ Nomi invariabili al plurale

Non variano al plurale:

- ▪ i nomi composti con **-craft** (nel senso di veicolo):
  *air**craft*** aereo/i, *space**craft*** astronave

- ▪ i nomi di nazionalità terminanti in **-ese**:
  Chinese cinese/i

- ▪ alcuni nomi fra i quali:
  sheep pecora/e, *fish* pesce/i, *deer* cervo/i

Nomi collettivi

- Indicano un insieme di persone. Fra i più comuni elenchiamo i seguenti:

the army	l'esercito
the class	la classe
the club	il club
the company	la società
the council	il consiglio
the crew	l'equipaggio
the staff	il personale
the team	la squadra

- Quando sono soggetto reggono il verbo:

- al **singolare** se sono considerati come unità

  *My family **is** on holiday at the seaside*
  La mia famiglia **è** in vacanza al mare

- al **plurale** se sono considerati come un insieme

  *My family **were** happy to see you*
  La mia famiglia **è stata** contenta di vederti

Appellativi

Signore, **signora**, **signorina** si traducono con:

- **Mr**, **Mrs**, **Miss** se seguiti dal cognome della persona:

  *Can I speak to **Mr Taylor**, please?*
  Posso parlare con il **signor Taylor**, per favore?

  *Call **Miss Murdoch**, please!*
  Per favore chiamate la **signorina Murdoch**!

! Al posto di **Mrs/Miss** si usa **Ms** se non si conosce o non si vuole specificare lo stato civile di una donna

  *There's a **Ms Connor** on the phone*
  C'è una certa **signora** o **signorina Connor** al telefono

- **sir** e **madam** se usati da soli nelle lettere o con valore vocativo:

  *Dear **Sir**/Dear **Madam***
  Egregio **Signore**/Gentile **Signora**

*Excuse me, **madam***
Mi scusi **signora**

*Thank you, **sir***
Grazie **signore**

Genitivo sassone

Il genitivo sassone (*possessive case*) è una costruzione propria dei nomi inglesi, così chiamata perché, come il caso genitivo del latino, serve ad esprimere una relazione di possesso, appartenenza o specificazione.

FORMAZIONE

- Si forma aggiungendo **'s** al nome del possessore, generalmente una persona, seguito dal nome (senza articolo) della cosa o persona posseduta:

  These are my father's glasses
  Questi sono gli occhiali di mio padre

- Se il possessore è al plurale si aggiunge:
- solo (') se è un plurale regolare in -*s*

  the boys' car
  la macchina dei ragazzi

- **'s** se è un plurale non in -*s*

  the children's bedroom
  la stanza dei bambini

- Se il possessore è indicato con un nome proprio terminante in **-*s*** si può aggiungere solo l'apostrofo ('):

  Charles'(s) private life
  la vita privata di Carlo

  Mr Lewis'(s) dog
  il cane del signor Lewis

- Se i possessori sono più d'uno, o nel caso di nomi composti, **'s** segue l'ultimo nome:

  Peter and Jane's son
  il figlio di Peter e Jane

my sister-in-law's friend
l'amica di mia cognata

■ Espressioni di luogo quali **a casa di**, **nel negozio di** sono rese
in inglese come segue: dopo il genitivo sassone le parole *house*,
shop vengono generalmente sottintese se è evidente dal conte-
sto a cosa ci si riferisce:

*The party is **at Tom's** (house)*
La festa è **a casa di Tom** (da Tom)

*They are **at the baker's** (shop)*
Sono **dal panettiere**

USO

Il genitivo sassone **si usa**:

■ quando il possessore è una persona, un animale o un'istituzio-
ne, per indicare **appartenenza** o **specificazione**; può essere sostituito da *of* in un linguaggio formale:

*the President's declaration/the declaration **of** the President*
la dichiarazione del Presidente

the cat's tail
la coda del gatto

the government's decision
la decisione del governo

■ quando il 'possessore' è una cosa, per indicare **appartenenza** o
azione subita; può essere comunemente sostituito da *of*:

*the book's index/the index **of** the book*
l'indice del libro

*the flat's renovation/the renovation **of** the flat*
la ristrutturazione dell'appartamento

■ in espressioni di tempo:

Have you read yesterday's newspaper?
Hai letto il giornale di ieri?

The nearest post office is ten minutes' walk
L'ufficio postale più vicino è a dieci minuti di cammino

■ per indicare distanza, peso, misura e valore:

a mile's walk
una passeggiata di un miglio

a ten-pounds' note
una banconota da dieci sterline

- in frasi idiomatiche quali:

a stone's throw
a un tiro di schioppo

for God's sake
per l'amor di Dio

for goodness'sake
per carità

out of harm's way
in un posto sicuro

Il genitivo sassone **non si usa**:

- per indicare una parte di qualcosa o il contenuto:

*the end **of** the street*
la fine della strada

*a bottle **of** milk*
una bottiglia di latte (contenente latte)

- con gli aggettivi sostantivati:

*the problems **of the disabled***
i problemi degli invalidi

- se il nome del possessore è seguito da un pronome relativo o da più complementi:

*The name **of** the girl **who** phoned is Marianne*
Il nome della ragazza che ha telefonato è Marianne

*I met the husband **of** the woman **from** Brazil **in** your office*
Ho incontrato nel tuo ufficio il marito della donna brasiliana

- quando due sostantivi esprimono insieme un unico concetto; in tal caso si ha un nome composto (vedi pag. 35) nel quale il primo elemento specifica il secondo:

*a **bus** ticket*
un biglietto dell'autobus

*a **milk** bottle*
una bottiglia del latte (tipo di bottiglia)

▮ Doppio genitivo

Quando la cosa o la persona possedute sono precedute da un articolo indeterminativo, un numerale o un aggettivo indefinito si possono avere due costruzioni:

- ▪ articolo/numerale/indefinito + nome + *of* + genitivo sassone:

  *They're **some colleagues of** my **wife's***
  Sono dei colleghi di mia moglie

  *It's **a dog of** our **neighbours'***
  È uno dei cani dei nostri vicini

- ▪ numerale/indefinito + *of* + genitivo sassone + nome:

  *They're **some of** my **wife's colleagues***
  *It's **one of** our **neighbours' dogs***

L'articolo

L'articolo si premette al nome per indicarlo in modo preciso o generico. A seconda della funzione che svolge si distingue in **determinativo** e **indeterminativo**. L'uso corretto degli articoli rappresenta una delle maggiori difficoltà della grammatica inglese.

Articolo determinativo

In inglese l'articolo determinativo (*definite article*) ha una sola forma, *the*, invariabile per genere e numero, che corrisponde agli articoli italiani **il**, **lo**, **la**, **i**, **gli**, **le**:

> *the* boy **il** ragazzo, *the* girl **la** ragazza, *the* parents **i** genitori

! *The* non si unisce mai alle preposizioni:

> *on the* table **sul** tavolo

USO

L'articolo determinativo **si usa** davanti:

- a nomi già citati o comunque identificabili:

  I've been to **the** *doctor*
  Sono stato dal medico (si sa a quale medico ci si riferisce)

- a nomi seguiti da specificazione:

  What did you do with **the** *typewriter I lent you?*
  Che cosa ne hai fatto della macchina da scrivere che ti ho prestato?

- ai nomi:

- di persone o cose ben note a tutti

  the police la polizia, *the* Thirty Years' War la guerra dei trent'anni

- di entità uniche

  the Earth la Terra, *the* Moon la Luna, *the* sea il mare, *the* Sun il Sole, *the* world il mondo

- geografici che indicano mari, fiumi, gruppi di isole, catene montuose, deserti

    the Atlantic, *the* Arno, *the* Hebridis, *the* Himalayas, *the* Sahara

- plurali di nazioni

    the United States gli Stati Uniti

- di giornali

    The Observer

- ad aggettivi sostantivati che indicano una categoria:

    the young i giovani, *the* rich i ricchi

- ai superlativi relativi:

    the oldest in the office il più vecchio dell'ufficio

- ai numerali ordinali:

    the first il primo, *the* second il secondo

L'articolo determinativo **non si usa** davanti:

- ai possessivi:

    Their car is very comfortable
    La loro auto è molto comoda

- ai nomi di persone o cose di cui si parla in senso generale:

    Helen loves **cats**
    A Helen piacciono i gatti

- ai nomi di stagioni, anni, giorni:

    Spring is a lovely season
    La primavera è una stagione deliziosa

    She got married in **1964**
    Si è sposata nel 1964

    They go to the cinema on **Friday**
    Vanno al cinema il venerdì

- ai nomi dei pasti:

    Breakfast is at 8 o'clock
    La prima colazione è alle otto

- ai nomi delle lingue:

    I studied **English**, but not **German**
    Ho studiato l'inglese, ma non il tedesco

- ai nomi di giochi e sport:

  *In winter they play **chess** and in summer they play **golf***
  D'inverno giocano a scacchi e d'estate giocano a golf

- ai nomi geografici che indicano città, continenti, isole, montagne, laghi:

  Oxford, Africa, Sicily, Mont Blanc, Lake Michigan

- a ***Mr**, **Mrs**, **Miss**, **Ms***:

  ***Mrs** Bennet has five daughters*
  La signora Bennet ha cinque figlie

- ai nomi singolari di nazioni:

  France, Great Britain, Italy
  Francia, Gran Bretagna, Italia

- ai nomi dei mezzi di trasporto preceduti da ***by***:

  by train con il treno, *by bus* con l'autobus

- ai nomi delle malattie:

  ***Cancer** is very common nowadays*
  Il cancro è molto diffuso oggigiorno

! Fanno eccezione:

  ***the** measles* il morbillo, ***the** flu* l'influenza

- ai nomi di riviste:

  Newsweek

- a sostantivi quali ***hospital*** ospedale, ***school*** scuola, ***church*** chiesa, quando si fa riferimento alla loro funzione specifica; altrimenti sono preceduti da ***the***. Confronta:

  *Marion is **in hospital***
  Marion è all'ospedale (come paziente)
  *I left my umbrella **in the hospital** when I visited Marion*
  Ho lasciato l'ombrello all'ospedale quando sono andato a trovare Marion

- a ***home*** casa e ***work*** lavoro:

  *Let's go **home***
  Andiamo a casa
  *I am at **work***
  Sono al lavoro

Articolo indeterminativo

L'articolo indeterminativo inglese (*indefinite article*), invariabile per genere e numero, ha due forme, **a/an**, che corrispondono all'italiano **un, uno, una, un'**. Si rende con:

- *a* davanti a nomi e aggettivi che iniziano per consonante o per vocale il cui suono è *u/ju*:

  a portrait un ritratto, *a useful suggestion* un utile suggerimento

- *an* davanti a nomi e aggettivi che iniziano per vocale che non abbia suono *u/ju*, o per *h* muta:

  an apple una mela, *an honest man* un uomo onesto

! Le parole più comuni che iniziano per *h* muta sono

  *h*eir erede, *h*onest onesto, *h*onour onore, *h*our ora

USO

L'articolo indeterminativo **si usa**:

- davanti a un sostantivo numerabile singolare non ancora menzionato:

  *They hired **a** car to go to Finland*
  Hanno noleggiato un'auto per andare in Finlandia

- con i nomi di professioni:

  *He's **a** journalist* (NON: *He's journalist*)
  È giornalista

- con *half, dozen, hundred, thousand, million*:

  *I've got **a** hundred things to do*
  Ho cento cose da fare

- davanti a un nome proprio per dire 'un certo, un tale':

  *I met **a** Mrs Hill*
  Ho incontrato una certa signora Hill

- davanti a un sostantivo numerabile singolare in frasi esclamative:

  *What **a** lovely present!* (NON: *What lovely present!*)
  Che bel regalo!

- in espressioni di tempo, prezzo, velocità con il significato di 'ogni, per':

  *twice **a** week*
  due volte alla settimana

  *fifty pence **a** kilo*
  cinquanta pence al chilo

  *thirty miles **an** hour*
  trenta miglia all'ora

- con alcuni nomi di malattie:

  *to catch **a** cold*
  prendere il raffreddore

  *to have **a** headache*
  avere il mal di testa

L'articolo indeterminativo **non si usa** davanti:

- a nomi che mancano del singolare:

  *Put on clean **pyjamas***
  Metti un pigiama pulito

- a nomi non numerabili:

  *We're having terrible **weather*** (NON: *a terrible weather*)
  Abbiamo un tempo orribile

- a un possessivo; in questo caso si usa la struttura ***a ... of mine**, **yours*** ecc:

  *She is **a** friend **of mine*** (NON: *a my friend*)
  È una mia amica

PARTICOLARITÀ

Nella costruzione aggettivo + nome, di norma ***a/an*** precedono l'aggettivo; lo seguono in presenza di *as*, *how*, *so*, *too*:

  *She has **as** good **a** voice as her sister's*
  Ha una voce bella come quella di sua sorella

  *It was **so** cold **a** day that I stayed at home*
  Era una giornata così fredda che rimasi in casa

  *He is **too** polite **a** person to refuse*
  È una persona troppo educata per rifiutare

Traduzione dell'articolo partitivo italiano

L'articolo partitivo italiano, usato per indicare una parte indefinita di un tutto, si rende in inglese con i seguenti aggettivi e/o pronomi che, a differenza dell'italiano, vanno sempre espressi:

some/any (agg. e pron.)	del, dello, della, dei, degli, delle, un po' di, alcuni/e
no (agg.)/*none* (pron.)	nessuno/a, alcuno/a/i/e

USO

Si usa *some*:

- in frasi affermative:

  I need some new shoes
  Mi occorrono **delle** scarpe nuove

- per offrire o chiedere cortesemente qualcosa:

  Would you like some coffee?
  Gradiresti **del** caffè?

! *Some* si usa inoltre col significato di:

  qualche davanti a un nome singolare

  They're living in some village in Scotland
  Vivono in **qualche** paese della Scozia

  circa davanti a un numero + sostantivo

  There were some fifty people in the library
  C'erano **circa** cinquanta persone in biblioteca

Si usa *any*:

- in frasi interrogative o negative:

  Have you got any beer?
  Hai **della** birra?

  Sorry, there isn't any beer in the fridge
  Spiacente, non c'è più birra nel frigo

- in frasi dubitative o introdotte da *if/whether* se:

  I'm not sure that there are any more eggs
  Non sono sicuro che ci siano ancora **delle** uova

  Let me know if you have any problems
  Fammi sapere **se** hai **dei** problemi

■ in frasi limitative con *barely/hardly* appena, *never* mai, *without* senza:

> You **never** give me **any** help
> Non mi dai **mai alcun** aiuto

! *Any* si usa inoltre col significato di **qualsiasi** in frasi affermative davanti a un nome singolare:

> *"When shall I come?"* *"**Any** time"*
> "Quando vuoi che venga?" "In **qualsiasi** momento"

Si usano *no* e *none of* rispettivamente al posto di *not ... any*, *not ... any of* in frasi negative:

■ per dare maggior enfasi alla negazione:

> *She's unhappy because she has**n't** got **any** friends*
> *She's unhappy because she has **no** friends*
> È infelice perché non ha amici
> *She has**n't** done **any of** the work I told her to do*
> *She has done **none of** the work I told her to do*
> Non ha fatto **niente del** lavoro che le ho detto di fare

■ quando sono riferiti al soggetto della frase:

> ***No** cigarette is harmless* (NON: *Not any cigarette...*)
> **Nessuna** sigaretta è innocua
> ***None of** his friends knew about that*
> **Nessuno dei** suoi amici lo sapeva

L'aggettivo

L'aggettivo (*adjective*) è quella parte del discorso che accompagna il nome per qualificarlo (**aggettivi qualificativi**) o determinarlo (**aggettivi determinativi** che si distinguono a loro volta in **dimostrativi**, **possessivi**, **indefiniti**, **interrogativi** e **numerali**).

Aggettivi qualificativi

Gli aggettivi qualificativi (*qualitative adjectives*) esprimono una qualità del nome. In inglese sono invariabili per genere e per numero:

> the **rich** husband il marito **ricco**, *the **rich** wife* la moglie **ricca**, *the **rich** merchants* i **ricchi** mercanti

POSIZIONE

Gli aggettivi qualificativi:

- precedono il nome cui si riferiscono quando hanno funzione di attributo:

*a **young** man*	un uomo **giovane**
*a **yellow** leaf*	una foglia **gialla**

- seguono verbi quali *to be* essere, *to seem/look* sembrare, *to turn/become* diventare quando hanno funzione di nome del predicato:

> *You **are young** but you **seem unhappy***
> Sei giovane ma hai l'aria triste
>
> *She suddenly **turned pale***
> All'improvviso è diventata pallida

! Sono usati solo con funzione predicativa alcuni aggettivi che iniziano per **a-**, quali *afraid* impaurito, *alive* vivo, *alone* solo, *asleep* addormentato, *awake* sveglio; in funzione attributiva si usano sinonimi. Confronta:

*to be **afraid***	essere **spaventato**
*a **frightened** man*	un uomo **spaventato**

! Alcuni aggettivi cambiano significato a seconda che precedano o seguano il nome:

*the **present** partners*	i soci **attuali**
*the partners **present***	i soci **presenti**

ORDINE

Quando più aggettivi accompagnano un nome si segue general-mente questo ordine:

numero	**misura**	**colore**	**origine**	**materia**	**funzione**	**nome**
one	*small*	*green*	*Italian*	*glass*	*salad*	*bowl*

una piccola insalatiera verde di vetro prodotta in Italia

Aggettivi sostantivati

Alcuni aggettivi qualificativi, se preceduti da ***the***, possono essere usati in funzione di sostantivo per indicare:

- una classe di persone; in tal caso il verbo è al plurale:

the disabled	i disabili
the dead	i morti
the old	i vecchi

The young are *usually impatient*
I giovani sono di solito impazienti

- un concetto astratto; in tal caso il verbo è al singolare:

the absurd	l'assurdo
the sacred	il sacro
the surreal	il surreale

The paranormal has *always attracted me*
Il paranormale mi **ha** sempre attratto

I gradi dell'aggettivo

L'aggettivo qualificativo è di **grado positivo** quando esprime una qualità senza specificare alcuna gradazione o stabilire un con-fronto.

È di **grado comparativo** quando esprime un paragone fra due termini. Il comparativo può essere di:

■ **maggioranza** se la qualità del primo termine è più accentuata rispetto al secondo;

■ **minoranza** se la qualità del primo termine è meno accentuata rispetto al secondo;

■ **uguaglianza** se l'intensità è la medesima in entrambi i termini di paragone.

È di **grado superlativo** quando indica una qualità nel suo livello più alto. Il superlativo può essere:

■ **relativo** se esprime una qualità eccezionale rispetto a un determinato insieme;

■ **assoluto** se esprime preminenza in senso assoluto.

Formazione dei comparativi e superlativi

comparativo

maggioranza	aggettivo + **-er**	*cheaper*
	more + aggettivo	**more** *attractive*
minoranza	**less** + aggettivo	**less** *ugly*
uguaglianza	**as** + aggettivo + **as**	**as** *cold* **as**

superlativo relativo

maggioranza	**the** + aggettivo + **-est**	**the** *cheapest*
	the most + aggettivo	**the most** *attractive*
minoranza	**the least** + aggettivo	**the least** *ugly*

superlativo assoluto	**very** + aggettivo	**very** *cold*

■ Formano il comparativo e il superlativo di maggioranza aggiungendo rispettivamente **-er** e **-est**:

■ gli aggettivi monosillabici

fast veloce → *faster/**the** fastest*, *hard* duro → *harder/**the** hardest*

■ gli aggettivi bisillabici in **-er**, **-le**, **-ow**, **-y**

clever intelligente → *clever**er**/**the** cleverest*, *humble* umile → *humbler/**the** humblest*, *narrow* stretto → *narrower/**the** narrowest*, *happy* felice → *happier/**the** happiest*

- Formano il comparativo e il superlativo di maggioranza con **more** e **the most** gli altri aggettivi bisillabici e quelli polisillabici:

  more *stubborn* più testardo, **the most** *expensive* il più costoso

SPELLING

Davanti a **-er/-est**:

- la **-e** muta cade:

  late tardo → *later*

- la **-y** diventa **-i**:

  easy facile → *easier*

- le parole monosillabiche che terminano in vocale + consonante raddoppiano la consonante:

  fat grasso → *fatter*

Secondo termine di paragone

È introdotto:

- per i comparativi da **than** di, che, **di quello che** seguito da pronomi soggetto o, in uno stile più informale, da pronomi complemento:

  She's got longer/shorter hair **than** *I have*
  Ha i capelli più lunghi/più corti di me

  formale: *He's younger* **than I** *(am)*
  informale: *He's younger* **than me**
  È più giovane di me

- per i superlativi:

- da **in** di quando segue un nome singolare riferito a un luogo o a un gruppo di persone

  They are the most powerful men **in** *the city/* **in** *the board* (NON: *of the city ...*)
  Sono gli uomini più potenti della città/del comitato

- da **of** di negli altri casi

  This is the most/the least interesting **of** *his films*
  Questo è il più/il meno interessante dei suoi film

PARTICOLARITÀ

- Quando il paragone avviene tra due aggettivi, si usa sempre il comparativo con *more*:

  *That girl is **more nice** than pretty* (NON: *nicer*)
  Quella ragazza è più simpatica che carina

- **(quanto) più ... (tanto) più ...** si rendono con il comparativo preceduto da *the*:

  ***The more** you eat, **the fatter** you get*
  Più mangi, **più** ingrassi

- **sempre** + comparativo si rende ripetendo due volte il comparativo (tra le due forme si inserisce *and*):

  *The road is getting **steeper and steeper***
  La strada diventa **sempre più ripida**

  *I am getting **more and more nervous***
  Sto diventando **sempre più nervosa**

  *The lessons are becoming **less and less interesting***
  Le lezioni diventano **sempre meno interessanti**

Comparativi e superlativi irregolari

aggettivo		comparativo	superlativo
bad/ill	cattivo	*worse*	*the worst*
far	lontano	*farther/further*	*the farthest/the furthest*
good	buono	*better*	*the best*
late	tardi	*later/latter*	*the latest/the last*
little	poco	*less*	*the least*
much	molto	*more*	*the most*
near	vicino	*nearer*	*the nearest/the next*
old	vecchio	*older/elder*	*the oldest/the eldest*

- *farther/the farthest* si usano in riferimento a luogo o distanza; *further/the furthest* si usano con nomi astratti rispettivamente nel significato di **ulteriore** ed **estremo**:

  *The station is **farther** than the airport*
  La stazione è **più distante** dell'aeroporto

  *For **further** information, see page 26*
  Per **ulteriori** informazioni, vedi pag. 26

This is the furthest concession I can make
Questa è la **massima** concessione che posso fare

■ *latter* si accompagna a *former* nell'espressione *the former ... the latter* **il primo ... il secondo** in un confronto a due:

These are Alfred and Anne; the former is a businessman, the latter is a pianist
Questi sono Alfred e Anne; **il primo** è un uomo d'affari, **la seconda** è una pianista

■ *the latest* significa **il più recente**; *the last* indica **l'ultimo di una serie**:

These are the latest news
Queste sono **le ultime** notizie

This is the last car I bought
Questa è **l'ultima** auto che ho comprato

■ *the nearest* si riferisce a luogo, distanza; *the next* significa **il prossimo**:

Excuse me. Where's the nearest tube station?
Scusi, dov'è **la** stazione metropolitana **più vicina**?

I get off at the next stop
Scendo **alla prossima** fermata

What have you planned for next August?
Che cosa hai programmato per **il prossimo** agosto?

■ *elder/the eldest* **maggiore/il maggiore di età** si usano solo per le persone della stessa famiglia; *elder* inoltre non è mai seguito da *than*. Confronta:

Carol is Betty's elder sister
Carol è la sorella **maggiore** di Betty

Carol is older than Betty
Carol è **più vecchia di** Betty

Aggettivi dimostrativi

Gli aggettivi dimostrativi indicano la vicinanza o la lontananza nello spazio di esseri viventi o cose rispetto a chi parla, chi ascolta o a entrambi. Sono:

this	questo, questa
these	questi, queste
that	quel, quello, quella
those	quei, quegli, quelli, quelle

- Variano per numero non per genere:

  this boy **questo** ragazzo, *this* girl **questa** ragazza
  these boys **questi** ragazzi, *these* girls **queste** ragazze

- Nel linguaggio informale *this* e *that* sono spesso usati con aggettivi e avverbi nel significato di *so* così:

  *I didn't realise it was going to be **this** hot*
  Non immaginavo che avrebbe fatto **così** caldo

  *I can't believe that your boyfriend is **that** jealous*
  Non posso credere che il tuo ragazzo sia **così** geloso

Aggettivi possessivi

Gli aggettivi possessivi indicano la persona o la cosa a cui qualcuno o qualcosa appartiene:

my	mio, mia, miei, mie
your	tuo, tua, tuoi, tue
his	suo, sua, suoi, sue (di lui)
her	suo, sua, suoi, sue (di lei)
its	suo, sua, suoi, sue (di esso/a)
our	nostro, nostra, nostri, nostre
your	vostro, vostra, vostri, vostre
their	loro
one's	proprio, propria

- Sono invariabili per genere e per numero eccetto quelli di terza persona singolare che concordano nel genere con il possessore:

  My father, my mother and my sisters moved to the country
  Mio padre, **mia** madre e le **mie** sorelle si sono trasferiti in campagna

  *At the party I saw Gerald and **his** wife*
  Alla festa ho visto Gerald e **sua** (di lui) moglie

  *It is often difficult to express **one's** opinion clearly*
  Spesso è difficile esprimere la **propria** opinione chiaramente

- Vanno sempre espressi davanti a nomi di parentela, parti del corpo, capi di vestiario e accessori:

  *My grandfather lost **his** glasses, fell and broke **his** leg*
  Il nonno ha perso gli occhiali, è caduto e si è rotto una gamba

- Possono essere rafforzati da ***own*** proprio:

  *Repeat it in **your own** words*
  Ripeti con le **tue** parole
  *This island has **its own** culture*
  Quest'isola ha una **sua propria** cultura

- Non sono mai preceduti:

- dall'articolo determinativo *the*

  *Tom is **my** best friend* (NON: *the my...*)
  Tom è **il mio** migliore amico

- dall'articolo indeterminativo *a/an*, o da un aggettivo numerale o indefinito. Espressioni del tipo **un mio amico**, **alcune loro idee** si possono rendere in due modi:

- articolo/aggettivo + nome + *of* + pronome possessivo

  *a friend **of mine***
  *some ideas **of theirs***

- numerale/aggettivo + *of* + aggettivo possessivo + nome

  *one **of my** books*
  *some **of their** ideas*

! Con i dimostrativi si usa solo la prima costruzione

  that** book **of yours   quel tuo libro

Aggettivi indefiniti

Gli aggettivi indefiniti indicano in modo generico il nome che accompagnano:

a few	alcuni
a lot of	molto, molti
all	tutto, tutti
both	entrambi/e
each	ciascuno

either	l'uno o l'altro
enough	abbastanza
every	ogni
few	pochi
fewer	meno
less	meno
little	poco
many	molti
more	più
most	la maggior parte di
much	molto
neither	né l'uno né l'altro
several	diversi, vari

■ *a few* si usa con nomi plurali e ha valore positivo:

We've got a few good friends in London
Abbiamo **alcuni** buoni amici a Londra

■ Quando *both* si trova:

▪ con un nome, lo precede

Both parents are teachers
Entrambi i genitori sono insegnanti

▪ con un pronome, lo segue

I know them both
Li conosco **entrambi**

▪ dopo un pronome personale soggetto, precede il verbo ma segue l'ausiliare nei tempi composti

They both wanted to marry him
Entrambe volevano sposarlo

They have both been invited
Sono state invitate **entrambe**

■ *enough* può precedere o seguire un nome:

Have you got enough milk?
Have you got milk enough?
Hai **abbastanza latte**?

- *few* si usa davanti a nomi plurali e ha valore negativo o restrittivo:

  Few politicians *are really honest*
  Pochissimi politici sono realmente onesti

- *fewer* si usa con nomi plurali; nello stile informale è spesso sostituito da *less*:

  I've got **fewer problems/less problems** *than I used to have*
  Ho **meno problemi** di prima

- *less* si usa con nomi singolari:

  I earn **less money** *than a plumber*
  Guadagno **meno soldi** di un idraulico

- *much* davanti a nomi non numerabili e *many* davanti a nomi plurali si usano in frasi negative e interrogative; nelle affermative si usa *a lot of*:

  There wasn't **much food**
  Non c'era **molto cibo**

  Did you make **many mistakes**?
  Hai fatto **molti errori**?

  I've got **a lot of things** *to do*
  Ho **molte cose** da fare

! **Alcuni**, **qualche** si rendono con *some/any* (vedi pag. 51).

Aggettivi interrogativi

Gli aggettivi interrogativi hanno la funzione di rivolgere una domanda, in forma diretta o indiretta:

whose?	di chi?
what?	quale?
which?	quale? quali?

- *whose* può essere seguito indifferentemente dall'oggetto posseduto oppure dal verbo *to be* essere:

  Whose bike *is that?*
  Whose *is that bike?*
  Di chi è quella bici?

- **quale** si traduce con:

- *what* quando la scelta delle risposte è vasta

  What cigarettes do you usually smoke?
  Quali sigarette fumi di solito?

- *which* quando la scelta delle risposte è limitata

  Which size do you want, small, medium or large?
  Che misura vuoi, piccola, media o grande?

! Quando si parla di persone si trova spesso *which* anche se la scelta non è limitata:

  Which/What writers do you like most?
  Quali scrittori preferisci?

PARTICOLARITÀ

Nelle interrogative l'ausiliare *to do*:

- **non è richiesto** quando *what*, *which* sono soggetto:

  What paper published the news?
  Quale giornale ha pubblicato la notizia?

  Which team won the match?
  Che squadra ha vinto la partita?

! Fanno eccezione le interrogative negative nelle quali *don't/doesn't/didn't* sono d'obbligo:

  What papers didn't publish the news?
  Quali giornali non hanno pubblicato la notizia?

- **è richiesto** quando *whose*, *what*, *which* sono complemento (diretto o indiretto):

  Which book did you borrow?
  Che libro hai preso in prestito?

  What countries do you want to go to?
  In quali paesi vuoi andare?

L'uso di *what* come esclamativo

L'aggettivo interrogativo *what* si usa come esclamativo nelle seguenti costruzioni:

- *what a/an* (+ aggettivo) + nome singolare:

What a nice dress!
Che bel vestito!

- **what a/an** (+ aggettivo) + oggetto + soggetto + verbo:

  What a beautiful smile your sister has!
  Che bel sorriso ha tua sorella!

- **what** + aggettivo + nome plurale o non numerabile:

  What lovely flowers!
  Che splendidi fiori!

  What beautiful weather!
  Che tempo meraviglioso!

Aggettivi numerali

Indicano delle quantità numerabili e si distinguono in:

- **cardinali** (*one*, *two*, *three*);
- **ordinali** (*first*, *second*, *third*);
- **moltiplicativi** (*once*, *twice*, *three times*);
- **frazionari** (1/8 *one eighth*).

Numerali cardinali

1	*one*	14	*fourteen*
2	*two*	15	*fifteen*
3	*three*	16	*sixteen*
4	*four*	17	*seventeen*
5	*five*	18	*eighteen*
6	*six*	19	*nineteen*
7	*seven*	20	*twenty*
8	*eight*	21	*twenty-one*
9	*nine*	22	*twenty-two*
10	*ten*	30	*thirty*
11	*eleven*	40	*forty*
12	*twelve*	50	*fifty*
13	*thirteen*	60	*sixty*

70	*seventy*	100	*one hundred*
80	*eighty*	1,000	*one thousand*
90	*ninety*	1,000,000	*one million*

Punteggiatura e ortografia

- I numeri composti dal 21 al 99 quando scritti in lettere sono sempre uniti da un trattino:

  56 fifty-six

- Negli altri numeri le parole sono staccate e le decine o le unità sono precedute, eccetto che nell'americano, da ***and***:

  *526 five hundred **and** twenty-six*
  *707 seven hundred **and** seven*

- Si usa la virgola, non il punto, per separare le migliaia:

  2,550,000 two million five hundred and fifty thousand

- Si usa il punto, non la virgola, per i decimali che vengono letti cifra per cifra:

  2.53 two point five three

PARTICOLARITÀ

- ***hundred*, *thousand*, *million***:

- possono essere preceduti da *a* o *one* (più formale)

  *I spent more than **a** hundred quid*
  Ho speso più di cento sterline
  *Pay Mrs Hill **one** thousand pounds*
  Paga alla signora Hill mille sterline

! Si usa sempre ***one*** all'interno di un numero

  *3,100 three thousand **one** hundred*

- se preceduti da un numero non prendono la *-s* del plurale né sono seguiti dalla preposizione *of*

  *There are about **three million** unemployed people*
  Ci sono circa tre milioni di persone disoccupate

- se usati in senso indefinito invece prendono normalmente la *-s* del plurale e sono seguiti da *of*

*There were **hundreds of** demonstrators*
C'erano centinaia di dimostranti

■ Nelle espressioni distributive, i numerali cardinali sono seguiti dall'articolo indeterminativo ***a/an***, che in italiano si traduce
con **per, a**:

*He earns more than £ 35 **an** hour*
Guadagna più di 35 sterline all'ora

■ Espressioni del tipo **siamo in** + numero si rendono in inglese
con ***there are*** + cardinale + ***of*** + pronome personale complemento:

*I go with him and four others: **there are six of us***
Vado con lui e altri quattro: **siamo in sei**

***There are three of them** going by car*
Sono in tre che vanno in macchina

Traduzione di zero

Zero si traduce con:

■ *zero* se riferito alla temperatura:

*It's two degrees below **zero***
Sono due gradi sotto zero

! In americano si usa *zero* anche nei calcoli.

■ *o/oh* quando si legge un numero cifra per cifra (p.e. un codice
postale, un numero telefonico o di conto corrente ecc.):

*My account number is two eight **oh** seven*
Il numero del mio conto corrente è due otto zero sette

■ *nought* nei calcoli:

*Add two more **noughts***
Aggiungi altri due zeri

■ *nil* nei punteggi sportivi in genere:

*Scotland won three **nil***
La Scozia ha vinto tre a zero

! Nel tennis invece si usa *love*:

*Thirty-**love**; Agassi to serve*
Trenta a zero; serve Agassi

Età

- Per chiedere l'età si usa l'espressione:

  How old are you?
  Quanti anni hai? (lett. Quanto vecchio sei?)

- Si risponde con il verbo *to be* + il numero degli anni + *years old*, espressione che può essere omessa per una persona ma non per una cosa:

  My sister is eighteen years old/is eighteen
  Mia sorella ha diciotto anni

  The castle is nine hundred years old
  Il castello ha novecento anni

Ore

- Le ore possono essere espresse in due modi: indicando prima l'ora e poi i minuti ad essa successivi, o viceversa indicando prima i minuti e poi l'ora. All'ora piena si fa seguire l'espressione *o'clock*, i minuti successivi all'ora sono seguiti dalla preposizione *past*, quelli mancanti all'ora da *to*:

7.05	*seven (oh) five/five past seven*
7.10	*seven ten/ten past seven*
7.15	*seven fifteen/a quarter past seven*
7.25	*seven twenty-five/twenty-five past seven*
7.30	*seven thirty/half past seven*
7.35	*seven thirty-five/twenty-five to eight*
7.45	*seven forty-five/a quarter to eight*
7.50	*seven fifty/ten to eight*
8.00	*eight o'clock*

! In americano spesso si usa *after* invece di *past*

  6.10 ten after six

- **Che ora è?** si traduce comunemente con **What time is it?/What's the time?** oppure con **Could you tell me the time?** (formale), **Have you got the time?** (informale).

  Si risponde con *it is* + l'ora:

  It's five thirty
  Sono le cinque e trenta

- **A che ora?** si rende con **What time?**:

  What time do you get up in the morning?
  A che ora ti alzi al mattino?

  Si risponde con **at** + l'ora:

  At eight
  Alle otto

- Per indicare l'ora si usano:

- comunemente i numeri dall'1 al 12 cui si aggiunge, se necessario, *in the morning*, *in the afternoon*, *in the evening* oppure, nello scritto o in uno stile più formale, *a.m.* (dal latino *ante meridiem*) e *p.m.* (dal latino *post meridiem*)

  nine o'clock in the morning/nine a.m.
  le nove del mattino

- i numeri dall'1 al 24 per gli orari dei mezzi di trasporto

  The next train for Bristol leaves from platform 11 at **seventeen fifty-nine**
  Il prossimo treno per Bristol parte dal binario 11 alle diciassette e cinquantanove

Numerali ordinali

1°	*first*	16°	*sixteenth*
2°	*second*	17°	*seventeenth*
3°	*third*	18°	*eighteenth*
4°	*fourth*	19°	*nineteenth*
5°	*fifth*	20°	*twentieth*
6°	*sixth*	21°	*twenty-first*
7°	*seventh*	22°	*twenty-second*
8°	*eighth*	23°	*twenty-third*
9°	*ninth*	24°	*twenty-fourth*
10°	*tenth*	30°	*thirtieth*
11°	*eleventh*	40°	*fortieth*
12°	*twelfth*	50°	*fiftieth*
13°	*thirteenth*	60°	*sixtieth*
14°	*fourteenth*	70°	*seventieth*
15°	*fifteenth*	80°	*eightieth*

| 90° | *ninetieth* | 1,000° | *one thousandth* |
| 100° | *one hundredth* | 1,000,000° | *one millionth* |

- Gli ordinali sono sempre preceduti dall'articolo *the*. Si formano aggiungendo **-th** al numero cardinale, ad eccezione di *the first* primo, *the second* secondo, *the third* terzo e dei loro composti:

  *the **fourth** month of the year*
  il **quarto** mese dell'anno

  *the **first** day of the week*
  il **primo** giorno della settimana

  *the **twenty-third** day of the month*
  il **ventitreesimo** giorno del mese

- Si abbreviano facendo seguire alla cifra le ultime due lettere dell'ordinale:

  1st 1°, *2nd* 2°, *3rd* 3°, *9th* 9°

- Si usano per indicare:

- la data

  ***6th** November 1990* 6 novembre 1990
  ***2nd** July 1997* 2 luglio 1997

! Nel leggere la data si fa precedere il giorno da *the* e il mese da *of*, ma solo se il mese viene dopo il giorno. Confronta:
  si scrive *April 25th* ma si legge: *April the twenty-fifth*
  si scrive *25th April* ma si legge: *the twenty-fifth of April*

  Anche quando sono scritte in cifre, le date si leggono secondo le regole sopra indicate

  6 / 11 / 90 the sixth of November nineteen ninety
  2.7.97 the second of July nineteen ninety-seven

  In americano spesso il mese precede il giorno

  November 6, 1997

- secoli, re e papi; in questi casi si scrivono in numeri romani
  Henry V (*Henry the fifth*) Enrico V
  John Paul II (*John Paul the second*) Giovanni Paolo II
  the XVIII century (*the eighteenth century*) il diciottesimo secolo

▌ Numerali moltiplicativi

Indicano una quantità moltiplicata. In inglese si rendono con il cardinale + *time/times*:

> *One time two is two* $1 \times 2 = 2$
> *Two times four equals eight* $2 \times 4 = 8$
> *Twelve times three equals thirty-six* $12 \times 3 = 36$
> *His house is three times as big as mine*
> La sua casa è grande il triplo della mia

! Gli avverbi *once* e *twice* sostituiscono rispettivamente *one time* e *two times* nei casi diversi dalle operazioni aritmetiche:

> *I met him once or twice*
> L'ho incontrato una o due volte
> *He is twice as old as you*
> Ha il doppio dei tuoi anni

▌ Numerali frazionari

Indicano parti di unità. Hanno come numeratore un cardinale e come denominatore un ordinale, con l'eventuale *-s* del plurale:

1/8	*one eighth*	un ottavo
3/7	*three sevenths*	tre settimi

! Si esprimono con sostantivi le frazioni:

1/2	*a half*	un mezzo
1/4	*a quarter*	un quarto

! Si esprimono con i cardinali + la preposizione *over* le frazioni più complesse:

> *317/509 three hundred and seventeen over five hundred and nine*

Aggettivi di nazionalità

Gli aggettivi di nazionalità hanno sempre l'iniziale maiuscola. Oltre che come aggettivi si usano come sostantivi:

- sempre per indicare la lingua di un paese:
> *I can speak English*   So parlare inglese

■ spesso per indicare gli abitanti di una nazione; in questo caso al plurale aggiungono **-s**:

nazione	aggettivo	abitante (sing./pl.)
America	*American*	*an American/the Americans*
Belgium	*Belgian*	*a Belgian/the Belgians*
Brazil	*Brazilian*	*a Brazilian/the Brazilians*
Europe	*European*	*a European/the Europeans*
Morocco	*Moroccan*	*a Moroccan/the Moroccans*
Norway	*Norwegian*	*a Norwegian/the Norwegians*
Greece	*Greek*	*a Greek/the Greeks*
Iraq	*Iraqi*	*an Iraqi/the Iraqis*
Israel	*Israeli*	*an Israeli/the Israelis*

! Rimangono invariati al plurale **Swiss** e gli aggettivi che terminano in **-ese**

nazione	aggettivo	abitante (sing./pl.)
Switzerland	*Swiss*	*a Swiss/the Swiss*
China	*Chinese*	*a Chinese/the Chinese*

! In molti casi il sostantivo indicante l'abitante ha forma propria diversa dall'aggettivo

nazione	aggettivo	abitante (sing./pl.)
Britain	*British*	*a British person/the British*
England	*English*	*an Englishman/the English*
France	*French*	*a Frenchman/the French*
Spain	*Spanish*	*a Spaniard/the Spanish*
Holland	*Dutch*	*a Dutchman/the Dutch*
Denmark	*Danish*	*a Dane/the Danes*
Finland	*Finnish*	*a Finn/the Finns*
Poland	*Polish*	*a Pole/the Poles*
Scotland	*Scottish*	*a Scot/the Scots*
Sweden	*Swedish*	*a Swede/the Swedes*

Il pronome

Si chiama pronome quella parte variabile del discorso che sostituisce il nome. I pronomi si distinguono in **personali**, **dimostrativi**, **possessivi**, **indefiniti**, **relativi** e **interrogativi**.

Pronomi personali

Il pronome personale ha forme diverse a seconda:

- della **funzione** che svolge all'interno della frase (soggetto, complemento);

- della **persona** (prima, seconda, terza) e del **numero** (singolare o plurale);

- del **genere** (maschile, femminile, neutro) se è di terza persona singolare.

soggetto		complemento	
I	io	*me*	me, mi
you	tu	*you*	te, ti
he	egli	*him*	lui, gli, lo
she	ella	*her*	lei, le, la
it	esso	*it*	lo, gli, la, le
we	noi	*us*	noi, ci
you	voi	*you*	voi, vi
they	essi/e	*them*	loro, li, le

Pronomi soggetto

- Precedono il verbo e non si possono sottintendere:

  We are happy
  Siamo contenti

- *I* si scrive sempre maiuscolo.

- La terza persona singolare ha tre forme:

he per persone e animali domestici di sesso maschile

she per persone e animali domestici di sesso femminile

it per cose e animali in genere; talvolta per riferirsi a un bambino piccolo

- *it* è usato anche come soggetto impersonale:

- per indicare tempo cronologico, fenomeni atmosferici, temperature, distànza

    It's ten o'clock
    Sono le dieci

    It rained for three days
    È piovuto per tre giorni

    It's 30°(degrees) below zero
    Sono trenta gradi sotto zero

    "How far is it to London?" "It's 300 kilometres"
    "Quanto dista Londra?" "300 km"

- per esprimere la propria identità al telefono

    Hello. It's Ronald Parr
    Pronto. Sono Ronald Parr

- *you* è usato, oltre che nel significato di **tu/voi**, anche:

- per la forma di cortesia corrispondente a **Lei**, **Voi**, **Loro**

    You are very kind
    Lei è molto gentile

- con valore impersonale per tradurre **si**

    How do you get there from here?
    Come ci **si** arriva da qui?

Pronomi complemento

- Seguono il verbo e in italiano si rendono con pronomi o con le particelle pronominali **mi**, **ti**, **ci**, **vi**, **li**:

    | *I went out with **him** last night* | Sono uscita con **lui** ieri sera |
    | *We don't know **them*** | Non **li** conosciamo |

- Le forme italiane **melo**, **telo**, **glielo** in inglese vanno scomposte in pronome + *to* + pronome:

    | *Show **it to me**!* | Mostra**melo**! |
    | *Give **it to him*** | Da**glielo**! |

▮ Pronomi riflessivi

Sono riflessivi i pronomi che riflettono l'azione espressa dal verbo sul soggetto che la compie:

myself	mi, me stesso
yourself	ti, te stesso
himself	si, lui stesso
herself	si, lei stessa
itself	si, esso stesso
ourselves	ci, noi stessi
yourselves	vi, voi stessi
themselves	si, loro stessi
oneself	sé stesso

- I riflessivi seguono sempre il verbo:

  *Did you hurt **yourself**?*
  Ti sei fatto male?
  *We have amused **ourselves***
  Ci siamo divertiti

- Usati come apposizione danno maggior rilievo a un pronome o a un nome:

  *The Manager **himself** was there*
  C'era il direttore **in persona**

- Preceduti da *by* traducono **da solo**:

  *Anne lives **by herself***
  Anne abita **da sola** (per conto proprio)
  *I cooked the meal **by myself***
  Ho cucinato il pranzo **da sola** (senza l'aiuto di nessuno)

▮ Pronomi reciproci

Esprimono un'azione scambievole tra due o più persone o cose:

each other	l'un l'altro
one another	l'un l'altro

! Quando la reciprocità è fra più di due persone si preferisce usare **one another**

*The five candidates looked at **one another***
I cinque candidati si guardarono **l'un l'altro**

- In italiano si traducono generalmente con le particelle pronominali **si**, **ci**, **vi**:

*We don't speak to **each other/one another** at the moment*
Al momento non **ci** parliamo

- Sono reciproci in italiano ma non in inglese verbi quali:

to embrace	abbraccia**rsi**
to fight	combatte**rsi**
to greet	saluta**rsi**
to kiss	bacia**rsi**
to marry	sposa**rsi**
to meet	incontra**rsi**
to say goodbye	congeda**rsi**
to say hello	saluta**rsi**

*We **met** on the bus*
Ci siamo incontrati in autobus

Pronomi dimostrativi

I pronomi dimostrativi hanno lo stesso significato e le stesse forme (variabili per numero non per genere) degli aggettivi dimostrativi (vedi pag. 38):

*I'll take **this***
Prendo **questo/a**
*Show me **those***
Mostrami **quelli/e**

- Il pronome dimostrativo italiano seguito da un aggettivo si traduce con ***the*** + aggettivo + ***one/ones***:

***The red one** is mine*
Quello rosso è mio

- Al telefono si usa ***this*** per esprimere la propria identità e ***that*** per chiedere l'identità di chi ascolta:

*Hello. **This** is Bill. Is **that** Meg?*
Pronto. Sono Bill. Sei Meg?

Pronomi possessivi

I pronomi possessivi come i corrispondenti aggettivi (vedi pag. 59) indicano appartenenza. Non variano nel genere e nel numero ad eccezione della terza persona singolare che concorda nel genere (maschile o femminile) con il possessore:

mine	il mio, la mia, i miei, le mie
yours	il tuo, la tua, i tuoi, le tue
his	il suo, la sua, i suoi, le sue (di lui)
hers	il suo, la sua, i suoi, le sue (di lei)
ours	il nostro, la nostra, i nostri, le nostre
yours	il vostro, la vostra, i vostri, le vostre
theirs	il/la/i/le loro

- A differenza dell'italiano non sono mai preceduti dall'articolo:

  *Whose umbrella is that? It is **mine***
  Di chi è quell'ombrello? È **il mio**

- Si usano in alternativa agli aggettivi possessivi quando il sostantivo è preceduto dall'articolo indeterminativo, da un numerale o un indefinito:

  ***Two** daughters of **his** already got married*
  Due delle **sue** figlie si sono già sposate

- Si usano al posto degli aggettivi possessivi quando il nome è preceduto da un dimostrativo:

  ***These** proposals of **yours** are very interesting*
  Queste tue proposte sono molto interessanti

Pronomi indefiniti

Come i rispettivi aggettivi (vedi pag. 60) indicano esseri viventi o cose in modo imprecisato. Si dividono in **semplici** e **composti**:

semplici

a few	alcuni
a lot	molto, molti
all	tutto, tutti
both	entrambi

each	ciascuno
either	l'uno o l'altro
few	pochi
less	meno
many	molti
more	più
most	la maggior parte di
much	molto
neither	né l'uno né l'altro
several	diversi

composti

someone/somebody	qualcuno
anyone/anybody	qualcuno, nessuno
no one/nobody	nessuno
everyone/everybody	ognuno, tutti
something	qualcosa
anything	qualcosa, niente
nothing	niente
everything	ogni cosa, tutto

- **all** è poco usato; **tutto**, **tutti** si rendono comunemente con *everything*, *everyone/everybody*:

  *She lost **everything***
  Ha perso **tutto**

  ***Everyone** in the office laughed*
  In ufficio risero **tutti**

  ***Everybody** stood up*
  Tutti si alzarono

- Si usano i composti:

- di **some** in frasi affermative

  *There's **somebody** at the door*
  C'è **qualcuno** alla porta

- di **any**:

- in frasi interrogative e negative

*Did **anybody** phone?*
Ha telefonato **qualcuno**?

*I can't see **anyone** in the office*
Non vedo **nessuno** nell'ufficio

- in frasi affermative col significato di **chiunque, tutti, qualunque cosa**

    ***Anybody** knows that he'd do **anything** for you*
    Tutti sanno che farebbe **qualunque cosa** per te

- di **no** in frasi negative col verbo in forma affermativa

    ***Nobody** phoned*
    Non ha telefonato **nessuno**

- ***something**, **anything**, **nothing*** rifiutano la preposizione *of* davanti all'aggettivo che segue:

    *There's **something** interesting on at the theatre*
    C'è **qualcosa di** interessante in programma a teatro

Pronomi relativi

Stabiliscono una relazione tra la proposizione subordinata cui appartengono e quella principale cui appartiene il nome al quale si riferiscono:

	persone	animali e cose
soggetto	*who*, *that* (informale)	*which*, *that*
complemento	*who*, *whom* (formale)	*which*, *that*
	that (informale)	
possessivo	*whose*, *of whom*	*whose*, *of which*

- In italiano si traducono con **che, il/la quale, i/le quali, cui**:

    *This is the person **who** can help you*
    Questa è la persona **che** ti può aiutare

    *There's a programme on tonight **which** you might like*
    Stasera c'è un programma **che** ti potrebbe piacere

- Possono introdurre frasi:

- **relative attributive** (*defining relative clauses*) che aggiungono una determinazione necessaria alla frase principale

*Have you ever spoken to the people **who live next door***?
Hai mai parlato con le persone **che abitano alla porta accanto**?

■ **relative appositive** (*non-defining relative clauses*) che aggiungono una determinazione non necessaria, posta fra virgole, alla frase principale

*Mr Williams, **who is joining the firm next week**, is the new accountant*
Mr Williams, **che arriverà nella ditta la settimana prossima**, è il nuovo contabile

USO

Nelle **relative attributive**:

■ nel linguaggio informale ***that*** sostituisce *who* e *which* in funzione di soggetto:

*The man **that** lives next door is from Dublin*
L'uomo **che** abita qui accanto è originario di Dublino

■ quando *who*, *whom* e *which* sono retti da preposizione, questa può essere posta davanti al pronome (linguaggio formale) o in fondo alla frase (linguaggio informale):

formale: *This is the house **in** which I was born*
informale: *This is the house which I was born **in***
Questa è la casa dove sono nato

■ nel linguaggio informale *who*, *whom* e *which* in funzione di complemento possono essere:

■ omessi

*I feel sorry for the woman (**whom**) he married*
Mi dispiace per la donna **che** ha sposato

■ sostituiti da ***that***; l'eventuale preposizione che regge il pronome va in fondo alla frase

*What's the name of the boy **that** we met yesterday?*
Come si chiama il ragazzo **che** abbiamo incontrato ieri?

*He's the man **that** I was talking **about***
È l'uomo **del quale** parlavo

■ ***whose*** traduce **il cui**, **la cui** nel senso di possesso:

*Anne is the girl **whose** hair comes down to her waist*
Anne è la ragazza **i cui** capelli arrivano alla vita

*This is the house **whose** owner lives in Paris*
Questa è la casa **il cui** proprietario abita a Parigi

! Si trova *of whom* per le persone e *of which* per le cose quando
la frase relativa è introdotta da un partitivo, un indefinito o un
numerale:

*I found old books **some of which** are really interesting*
Ho trovato vecchi libri **alcuni dei quali** sono veramente interessanti

*The doctors, **two of whom** were sitting next to me, were German*
I dottori, **due dei quali** erano seduti accanto a me, erano tedeschi

Nelle **relative appositive** si usano *who*, *which* e *whom*; in queste
frasi i pronomi devono essere sempre espressi:

*He went to work with my sister, **whom** he later married*
Andava a lavorare con mia sorella, **che** in seguito ha sposato

PARTICOLARITÀ

- **colui/colei/coloro che** quando sono soggetto si traducono con
  he/she/they who:

  They who want can come
  Coloro che vogliono possono venire

- **ciò che** si traduce con *what*:

  *I can't believe **what** you are saying*
  Non posso credere a **ciò che** dici

- **il che** riferito a un'intera frase si traduce con *which*:

  *He drinks too much, **which** annoys his wife*
  Beve troppo, **il che** dà fastidio a sua moglie

- *when* e *where* possono sostituire *which* per specificare rispettivamente tempo e luogo:

  *I'll never forget the day **when** (on which) I first met you*
  Non dimenticherò mai il giorno **in cui** ti incontrai per la prima volta

  *Do you know a shop **where** (at which) they sell tiles?*
  Conosci un negozio **in cui** vendono piastrelle?

- **la ragione per cui** si rende con *the reason why*:

  *Do you know **the reason why** he doesn't like me?*
  Sai **la ragione per cui** io non gli piaccio?

Pronomi interrogativi

I pronomi interrogativi, come i rispettivi aggettivi (vedi pag. 62), servono a introdurre una domanda. Sono:

who?	chi?
whom?	chi?
whose?	di chi?
what?	che cosa? quale?
which?	quale? quali?

- Quando gli interrogativi sono retti da una preposizione questa si mette alla fine della frase:

  What *were you looking* **at**?
  Che cosa stavi guardando?

- **who** è soggetto; nel linguaggio informale viene usato anche come complemento, sia diretto sia indiretto:

  Who *is talking?*
  Chi parla?

  Who *did you want to see?* (informale)
  Chi desideravi vedere?

  Who *did she receive the message from?* (informale)
  Da **chi** ricevette il messaggio?

- **whom** è complemento diretto o indiretto:

  Whom *did you want to see?*
  Chi desideravi vedere?

  Whom *are we waiting for?*
  Chi stiamo aspettando?

- **which** pronome soggetto può essere usato da solo se riferito a cose, deve essere accompagnato da una specificazione se riferito a persone:

  Which *do you prefer?*
  Quale preferisci?

  Which *of you saw the film?*
  Quale/Chi di voi ha visto il film?

- ! **Chi di/fra** si traduce con **which of**:

  Which of *you wants to do it?* (NON: *Who of*)
  Chi di voi due vuole farlo?

PARTICOLARITÀ

Nelle interrogative l'ausiliare *to do*:

■ **non è richiesto** quando *who*, *what*, *which* sono soggetto:

> **Who** *lives here?*
> **Chi** abita qui?
> **What** *happened?*
> **Che cosa** è accaduto?

! Fanno eccezione le interrogative negative nelle quali *don't/doesn't/didn't* sono d'obbligo:

> *Who* **didn't** *come to the party?*
> Chi non è venuto alla festa?

■ **è richiesto** quando *who*, *what*, *which* sono complemento diretto o indiretto:

> **Who did** *you talk to?*
> A **chi** parlasti?
> **What do** *they talk about?*
> Di **che cosa** parlano?

Il verbo

Il verbo è quella parte del discorso che esprime l'azione compiuta o subita dal soggetto, lo stato in cui il soggetto si trova, oppure il suo modo di essere.

I verbi si dividono in **ausiliari** (così chiamati perché aiutano gli altri verbi nella coniugazione, formando i tempi composti) e **ordinari**.
I verbi ausiliari si distinguono in **principali** (*to be*, *to have*, *to do*), **modali** (*can*, *may*, *must*, *ough to*, *shall*, *will*) e **semimodali** (*to need*, *to dare*, *used to*).
I verbi ordinari si suddividono a loro volta in **regolari** e **irregolari**, in base al modo in cui formano il passato indicativo e il participio passato.

Le coniugazioni

Le forme del verbo cambiano in relazione al **soggetto** (prima, seconda, terza persona singolare o plurale), al **modo**, al **tempo**, alla **forma** (attiva o passiva).

I modi

In inglese i modi del verbo sono sette, **quattro finiti** (indicativo, congiuntivo, condizionale, imperativo) e **tre indefiniti** (infinito, gerundio, participio).

I tempi

A seconda del momento in cui l'azione riferita dal verbo si svolge abbiamo forme di tempo **passato**, **presente** o **futuro**:

I worked	lavorai
I work	lavoro
I will work	lavorerò

I tempi si suddividono in **semplici**, nei quali la forma verbale è costituita da una sola parola, e **composti**, nei quali la forma verbale è costituita da un ausiliare + verbo di modo indefinito; fra i tempi composti si distinguono inoltre i tempi **progressivi** (costituiti dall'ausiliare essere + gerundio) che esprimono un'azione nel suo svolgimento:

tempo semplice	→	*I know*	conosco
tempo composto	→	*I have known*	ho conosciuto
tempo progressivo	→	*I am going*	sto andando

L'insieme delle diverse forme di un verbo ne costituisce la **coniugazione**.

Coniugazione dei verbi *to be* e *to have*

Coniugazione di *to be* essere

Forma affermativa

INDICATIVO

PRESENTE *I am, you are, he/she/it is, we are, you are, they are*

PASSATO PROSSIMO *I have been, you have been, he/she/it has been, we have been, you have been, they have been*

PASSATO SEMPLICE *I was, you were, he/she/it was, we were, you were, they were*

TRAPASSATO *I had been, you had been, he/she/it had been, we had been, you had been, they had been*

FUTURO SEMPLICE *I shall be, you will be, he/she/it will be, we shall be, you will be, they will be*

FUTURO ANTERIORE *I shall have been, you will have been, he/she/it will have been, we shall have been, you will have been, they will have been*

CONDIZIONALE

PRESENTE *I should be, you would be, he/she/it would be, we should be, you would be, they would be*

PASSATO *I should have been, you would have been, he/she/it would have been, we should have been, you would have been, they would have been*

IMPERATIVO

let me be! be! let him/she/it be! let us be! be! let them be!

INFINITO

PRESENTE *to be*

PASSATO *to have been*

GERUNDIO

PRESENTE *being*

PASSATO *having been*

PARTICIPIO

PRESENTE *being*

PASSATO *been*

Forma negativa

INDICATIVO

PRESENTE *I am not, you are not, he/she/it is not, we are not, you are not, they are not*

PASSATO PROSSIMO *I have not been, you have not been, he/she/it has not been, we have not been, you have not been, they have not been*

PASSATO SEMPLICE *I was not, you were not, he/she/it was not, we were not, you were not, they were not*

TRAPASSATO *I had not been, you had not been, he/she/it had not been, we had not been, you had not been, they had not been*

FUTURO SEMPLICE *I shall not be, you will not be, he/she/it will not be, we shall not be, you will not be, they will not be*

FUTURO ANTERIORE *I shall not have been, you will not have been, he/she/it will not have been, we shall not have been, you will not have been, they will not have been*

CONDIZIONALE

PRESENTE *I should not be, you would not be, he/she/it would not be, we should not be, you would not be, they would not be*

PASSATO *I should not have been, you would not have been, he/she/it would not have been, we should not have been, you would not have been, they would not have been*

IMPERATIVO

don't let me be! don't be! don't let him/she/it be! don't let us be! don't be! don't let them be!

INFINITO

PRESENTE *not to be*

PASSATO *not to have been*

GERUNDIO

PRESENTE *not being*

PASSATO *not having been*

PARTICIPIO

PRESENTE *not being*

PASSATO *not been*

Forma interrogativa

INDICATIVO

PRESENTE *am I?, are you?, is he/she/it?, are we?, are you?, are they?*

PASSATO PROSSIMO *have I been? have you been?, has he/she/it been?, have we been?, have you been?, have they been?*

PASSATO SEMPLICE *was I?, were you?, was he/she/it?, were we?, were you?, were they?*

TRAPASSATO *had I been?, had you been?, had he/she/it been?, had we been?, had you been?, had they been?*

FUTURO SEMPLICE *shall I be?, will you be?, will he/she/it be?, shall we be?, will you be?, will they be?*

FUTURO ANTERIORE *shall I have been?, will you have been?, will*

he/she/it have been?, *shall we have been?*, *will you have been?*,
will they have been?

CONDIZIONALE

PRESENTE *should I be?*, *would you be?*, *would he/she/it be?*,
should we be?, *would you be?*, *would they be?*

PASSATO *should I have been?*, *would you have been?*, *would
he/she/it have been?*, *should we have been?*, *would you have
been?*, *would they have been?*

Uso di *to be*

- Si usa come **ausiliare**:
- nella formazione dei tempi progressivi

  *Cindy **is doing** a puzzle*
  Cindy **sta facendo** un puzzle

- nella forma passiva

  *This computer **is used** by the staff of the laboratory*
  Questo computer è **utilizzato** dal personale del laboratorio
  *The documents **have been translated***
  I documenti **sono stati tradotti**

- Si usa come verbo **ordinario**:
- nel significato di **essere, trovarsi**

  *Where **are** my shoes?*
  Dove **sono** le mie scarpe?

! **C'è, ci sono** si traducono con *there is/there are*:

  There is a table, but *there are* no chairs
  C'è un tavolo, ma non **ci sono** sedie

- nel significato di **costare**

  *How much **are** the bananas?*
  Quanto **costano** le banane?

- Si usa come **copula**:
- nel predicato nominale, accompagnato da un aggettivo o un sostantivo

  *The weather **was** beautiful*
  Il tempo **era** bello

*The whale **is** a huge sea mammal*
La balena **è** un enorme mammifero marino

- per esprimere l'età

  *I **am** 27 years old*
  Ho 27 anni

- in diverse espressioni idiomatiche per esprimere una determinata condizione fisica o mentale; in italiano si traduce con **avere** o **stare**

to be afraid	aver paura
to be cold	aver freddo
to be hungry	aver fame
to be right	aver ragione
to be sleepy	aver sonno
to be thirsty	aver sete
to be unwell	star male
to be warm	aver caldo
to be well	star bene
to be wrong	aver torto

- Si usa alla forma progressiva solo quando è ausiliare della forma passiva:

  *The room **is being redecorated***
  Stanno rimbiancando la stanza

- ***to be*** + infinito si usa per indicare qualcosa che deve accadere perché già pianificato, o per dare ordini e istruzioni (vedi Dovere, pag. 144):

  *The course **is to start** next week*
  Il corso **inizierà** la prossima settimana
  *You **are not to go out** till the fever is completely over*
  Non devi uscire finché non sei completamente sfebbrato

▌ Coniugazione di *to have* avere

Forma affermativa

INDICATIVO

PRESENTE *I have, you have, he/she/it has, we have, you have, they have*

PASSATO PROSSIMO *I have had, you have had, he/she/it has had, we have had, you have had, they have had*

PASSATO SEMPLICE *I had, you had, he/she/it had, we had, you had, they had*

TRAPASSATO *I had had, you had had, he/she/it had had, we had had, you had had, they had had*

FUTURO SEMPLICE *I shall have, you will have, he/she/it will have, we shall have, you will have, they will have*

FUTURO ANTERIORE *I shall have had, you will have had, he/she/it will have had, we shall have had, you will have had, they will have had*

CONDIZIONALE

PRESENTE *I should have, you would have, he/she/it would have, we should have, you would have, they would have*

PASSATO *I should have had, you would have had, he/she/it would have had, we should have had, you would have had, they would have had*

IMPERATIVO

let me have! have! let him/she/it have! let us have! have! let them have!

INFINITO

PRESENTE *to have*

PASSATO *to have had*

GERUNDIO

PRESENTE *having*

PASSATO *having had*

PARTICIPIO

PRESENTE *having*

PASSATO *had*

Forma negativa

INDICATIVO

PRESENTE *I have not, you have not, he/she/it has not, we have not, you have not, they have not*

PASSATO PROSSIMO *I have not had, you have not had, he/she/it has not had, we have not had, you have not had, they have not had*

PASSATO SEMPLICE *I had not, you had not, he/she/it had not, we had not, you had not, they had not*

TRAPASSATO *I had not had, you had not had, he/she/it had not had, we had not had, you had not had, they had not had*

FUTURO SEMPLICE *I shall not have, you will not have, he/she/it will not have, we shall not have, you will not have, they will not have*

FUTURO ANTERIORE *I shall not have had, you will not have had, he/she/it will not have had, we shall not have had, you will not have had, they will not have had*

CONDIZIONALE

PRESENTE *I should not have, you would not have, he/she/it would not have, we should not have, you would not have, they would not have*

PASSATO *I should not have had, you would not have had, he/she/it would not have had, we should not have had, you would not have had, they would not have had*

IMPERATIVO

don't let me have! don't have! don't let him/she/it have! don't let us have! don't have! don't let them have!

INFINITO

PRESENTE *not to have*
PASSATO *not to have had*

GERUNDIO

PRESENTE *not having*
PASSATO *not having had*

PARTICIPIO

PRESENTE *not having*

PASSATO *not had*

Forma interrogativa

INDICATIVO

PRESENTE *have I?, have you?, has he/she/it?, have we?, have you?, have they?*

PASSATO PROSSIMO *have I had? have you had?, has he/she/it had?, have we had?, have you had?, have they had?*

PASSATO SEMPLICE *had I?, had you?, had he/she/it?, had we?, had you?, had they?*

TRAPASSATO *had I had?, had you had?, had he/she/it had?, had we had?, had you had?, had they had?*

FUTURO SEMPLICE *shall I have?, will you have?, will he/she/it have?, shall we have?, will you have?, will they have?*

FUTURO ANTERIORE *shall I have had?, will you have had?, will he/she/it have had?, shall we have had?, will you have had?, will they have had?*

CONDIZIONALE

PRESENTE *should I have?, would you have?, would he/she/it have?, should we have?, would you have?, would they have?*

PASSATO *should I have had?, would you have had?, would he/she/it have had?, should we have had?, would you have had?, would they have had?*

Uso di *to have*

- Si usa come **ausiliare**:

- + participio passato, per formare i tempi composti passati

  *They **have** just **left***   **Sono** appena **usciti**

  *We **had** already **gone** away*   **Eravamo** già **andati** via

- + oggetto + participio passato, nel significato di **far fare qualcosa**, **fare in modo che qualcosa venga fatto**

*I must **have** my house **repainted***
Devo **far ridipingere** la casa

■ + oggetto + participio presente, nel significato di **convincere**, **incoraggiare** o **fare in modo che**

*He **had** them **joining** the team*
Li **convinse ad entrare** nella squadra

*I'll **have** you **speaking** perfect English*
Farò in modo che tu **parli** un inglese perfetto

■ Si usa come verbo **ordinario**:

■ nel significato di **possedere**

*"**Do** you **have** any brothers or sisters?" "Yes, I **have** two sisters"*
"**Hai** fratelli o sorelle?" "Sì, **ho** due sorelle"

! In questo caso ha due diverse costruzioni nel presente indicativo:

British English
soggetto + *haven't /hasn't+ got* (negativa)
have/has + soggetto + *got?* (interrogativa)
***Has** your friend **got** any compact discs?*

American English
soggetto + *don't/doesn't + have* (negativa)
do/does + soggetto + *have?* (interrogativa)
*My friend **doesn't have** any compact discs*

■ con **significati diversi** in espressioni quali:

to have breakfast/lunch/dinner/tea/a drink
fare colazione/pranzare/cenare/prendere il tè/bere qualcosa

to have a bath/a shave/a shower
fare un bagno/la barba/una doccia

to have a good time/a day off/a party
divertirsi/prendersi un giorno di riposo/dare una festa

to have a swim/a walk/a ride
nuotare/passeggiare/cavalcare

■ seguito dall'infinito per esprimere **obbligo**, **dovere**

*They **had to work** last Saturday*
Dovettero lavorare sabato scorso

! Si può usare alla forma progressiva solo come verbo ordinario quando non significa **possedere** o **dovere**:

I am having a party next Saturday
Darò una festa sabato prossimo

! *Had better* + infinito senza *to* si traduce con **farei/faresti meglio a**:

You had better ring later
Faresti meglio a telefonare più tardi

She'd better not give up now
Farebbe meglio a non mollare ora

Coniugazione di un verbo ordinario

to work lavorare

Forma affermativa

INDICATIVO

PRESENTE *I work, you work, he/she/it works, we work, you work, they work*

PASSATO PROSSIMO *I have (I've) worked, you have (you've) worked, he/she/it has (he's) worked, we have (we've) worked, you have (you've) worked, they have (they've) worked*

PASSATO OEMPLICE *I worked, you worked, he/she/it worked, we worked, you worked, they worked*

TRAPASSATO *I had (I'd) worked, you had (you'd) worked, he/she/it had (he'd) worked, we had (we'd) worked, you had (you'd) worked, they had (they'd) worked*

FUTURO SEMPLICE *I shall (I'll) work, you will (you'll) work, he/she/it will (he'll) work, we shall (we'll) work, you will (you'll) work, they will (they'll) work*

FUTURO ANTERIORE *I shall (I'll) have worked, you will (you'll) have worked, he/she/it will (he'll) have worked, we shall (we'll) have worked, you will (you'll) have worked, they will (they'll) have worked*

CONDIZIONALE

PRESENTE *I should (I'd) work, you would (you'd) work, he/she/it would (he'd) work, we should (we'd) work, you would (you'd) work, they would (they'd) work*

PASSATO *I should (I'd) have worked, you would (you'd) have worked, he/she/it would (he'd) have worked, we should (we'd) have worked, you would (you'd) have worked, they would (they'd) have worked*

IMPERATIVO

let me work! work! let him/she/it work! let us work! work! let them work!

INFINITO

PRESENTE *to work*

PASSATO *to have worked*

GERUNDIO

PRESENTE *working*

PASSATO *having worked*

PARTICIPIO

PRESENTE *working*

PASSATO *worked*

Forma negativa

INDICATIVO

PRESENTE *I do not (don't) work, you do not (don't) work, he/she/it does not (doesn't) work, we do not (don't) work, you do not (don't) work, they do not (don't) work*

PASSATO PROSSIMO *I have not (haven't) worked, you have not (haven't) worked, he/she/it has not (hasn't) worked, we have not (haven't) worked, you have not (haven't) worked, they have not (haven't) worked*

PASSATO SEMPLICE *I did not (didn't) work, he/she/it did not (didn't) work, we did not (didn't) work, you did not (didn't) work, they did not (didn't) work*

TRAPASSATO *I had not (hadn't) worked, you had not (hadn't) worked, he/she/it had not (hadn't) worked, we had not (hadn't) worked, you had not (hadn't) worked, they had not (hadn't) worked*

FUTURO SEMPLICE *I shall not (shan't) work, you will not (won't) work, he/she/it will not (won't) work, we shall not (shan't) work, you will not (won't) work, they will not (won't) work*

FUTURO ANTERIORE *I shall not (shan't) have worked, you will not (won't) have worked, he/she/it will not (won't) have worked, we shall not (shan't) have worked, you will not (won't) have worked, they will not (won't) have worked*

CONDIZIONALE

PRESENTE *I should not (shouldn't) work, you would not (wouldn't) work, he/she/it would not (wouldn't) work, we should not (shouldn't) work, you would not (wouldn't) work, they would not (wouldn't) work*

PASSATO *I should not (shouldn't) have worked, you would not (wouldn't) have worked, he/she/it would not (wouldn't) have worked, we should not (shouldn't) have worked, you would not (wouldn't) have worked, they would not (wouldn't) have worked*

IMPERATIVO

do not (don't) let me work! do not (don't) work! do not (don't) let him/her/it work! do not (don't) let us work! do not (don't) work! do not (don't) let them work!

INFINITO

PRESENTE *not to work*

PASSATO *not to have worked*

GERUNDIO

PRESENTE *not working*

PASSATO *not having worked*

PARTICIPIO

PRESENTE *not working*

PASSATO *not worked*

Forma interrogativa

INDICATIVO

PRESENTE *do I work?*, *do you work?*, *does he/she/it work?*, *do we work?*, *do you work?*, *do they work?*

PASSATO PROSSIMO *have I worked? have you worked?*, *has he/she/it worked?*, *have we worked?*, *have you worked?*, *have they worked?*

PASSATO SEMPLICE *did I work?*, *did you work?*, *did he/she/it work?*, *did we work?*, *did you work?*, *did they work?*

TRAPASSATO *had I worked?*, *had you worked?*, *had he/she/it worked?*, *had we worked?*, *had you worked?*, *had they worked?*

FUTURO SEMPLICE *shall I work?*, *will you work?*, *will he/she/it work?*, *shall we work?*, *will you work?*, *will they work?*

FUTURO ANTERIORE *shall I have worked?*, *will you have worked?*, *will he/she/it have worked?*, *shall we have worked?*, *will you have worked?*, *will they have worked?*

CONDIZIONALE

PRESENTE *should I work?*, *would you work?*, *would he/she/it work?*, *should we work?*, *would you work?*, *would they work?*

PASSATO *should I have worked?*, *would you have worked?*, *would he/she/it have worked?*, *should we have worked?*, *would you have worked?*, *would they have worked?*

Forma progressiva affermativa

INDICATIVO

PRESENTE *I am (I'm) working, you are (you're) working, he/she/it is (he's) working, we are (we're) working, you are (you're) working, they are (they're) working*

PASSATO PROSSIMO *I have (I've) been working, you have (you've) been working, he/she/it has (he's) been working, we have (we've) been working, you have (you've) been working, they have (they've) been working*

PASSATO SEMPLICE *I was working, you were working, he/she/it was working, we were working, you were working, they were working*

TRAPASSATO *I had (I'd) been working, you had (you'd) been working, he/she/it had (he'd) been working, we had (we'd) been working, you had (you'd) been working, they had (they'd) been working*

FUTURO SEMPLICE *I shall (I'll) be working, you will (you'll) be working, he/she/it will (he'll) be working, we shall (we'll) be working, you will (you'll) be working, they will (they'll) be working*

FUTURO ANTERIORE *I shall (I'll) have been working, you will (you'll) have been working, he/she/it will (he'll) have been working, we shall (we'll) have been working, you will (you'll) have been working, they will (they'll) have been working*

CONDIZIONALE

PRESENTE *I should (I'd) be working, you would (you'd) be working, he/she/it would (he'd) be working, we should (we'd) be working, you would (you'd) be working, they would (they'd) be working*

PASSATO *I should (I'd) have been working, you would (you'd) have been working, he/she/it would (he'd) have been working, we should (we'd) have been working, you would (you'd) have been working, they would (they'd) have been working*

INFINITO

PRESENTE *to be working*

PASSATO *to have been working*

Forma progressiva negativa

INDICATIVO

PRESENTE *I am (I'm) not working, you are not (you aren't) working, he/she/it is not (he isn't) working, we are not (we aren't) working, you are not (you aren't) working, they are not (they aren't) working*

PASSATO PROSSIMO *I have not (I haven't) been working, you have not (you haven't) been working, he/she/it has not (he hasn't) been working, we have not (we haven't) been working, you have not (you haven't) been working, they have not (they haven't) been working*

PASSATO SEMPLICE *I was not (I wasn't) working, you were not (you weren't) working, he/she/it was not (he wasn't) working, we were not (we weren't) working, you were not (you weren't) working, they were not (they weren't) working*

TRAPASSATO *I had not (I hadn't) been working, you had not (you hadn't) been working, he/she/it had not (he hadn't) been working, we had not (we hadn't) been working, you had not (you hadn't) been working, they had not (they hadn't) been working*

FUTURO SEMPLICE *I shall not (I shan't) be working, you will not (you won't) be working, he/she/it will not (he won't) be working, we shall not (we shan't) be working, you will not (you won't) be working, they will not (they won't) be working*

FUTURO ANTERIORE *I shall not (I shan't) have been working, you will not (you won't) have been working, he/she/it will not (he won't) have been working, we shall not (we shan't) have been working, you will not (you won't) have been working, they will not (they won't) have been working*

CONDIZIONALE

PRESENTE *I should not (I shouldn't) be working, you would not (you wouldn't) be working, he/she/it would not (he wouldn't) be working, we should not (we shouldn't) be working, you would not (you wouldn't) be working, they would not (they wouldn't) be working*

PASSATO *I should not (I shouldn't) have been working, you would not (you wouldn't) have been working, he/she/it would not (he wouldn't) have been working, we should not (we shouldn't) have been working, you would not (you wouldn't) have been working, they would not (they wouldn't) have been worling*

INFINITO

PRESENTE *not to be working*
PASSATO *not to have been working*

Forma progressiva interrogativa

INDICATIVO

PRESENTE *am I working?, are you working?, is he/she/it working?, are we working?, are you working?, are they working?*

PASSATO PROSSIMO *have I been working?, have you been working?, has he/she/it been working?, have we been working?, have you been working?, have they been working?*

PASSATO SEMPLICE *was I working?, were you working?, was he/she/it working?, were we working?, were you working?, were they working*

TRAPASSATO *had I been working? had you been working?, had he/she/it been working?, had we been working?, had you been working?, had they been working?*

FUTURO SEMPLICE *shall I be working?, will you be working?, will he/she/it be working?, shall we be working?, will you be working?, will they be working?*

FUTURO ANTERIORE *shall I have been working?, will you have been working?, will he/she/it have been working?, shall we have been working?, will you have been working?, will they have been working?*

CONDIZIONALE

PRESENTE *should I be working?, would you be working?, would he/she/it be working?, should we be working?, would you be working?, would they be working?*

PASSATO *should I have been working?, would you have been working?, would he/she/it have been working?, should we have been working?, would you have been working?, would they have been working?*

Verbi irregolari

Sono irregolari i verbi che non seguono alcuna regola nella formazione del passato semplice e del participio passato, ma hanno per questi tempi forme particolari da imparare a memoria.

Elenco dei principali verbi irregolari

to arise	arose	arisen	alzarsi, sorgere
to be	was	been	essere
to bear	bore	born/borne	generare/sopportare
to beat	beat	beaten	battere
to become	became	become	diventare
to begin	began	begun	cominciare
to bend	bent	bent	piegare
to bet	bet	bet	scommettere
to bite	bit	bitten	mordere
to blow	blew	blown	soffiare
to break	broke	broken	rompere
to bring	brought	brought	portare
to build	built	built	costruire
to burn	burned/burnt	burned/burnt	bruciare
to burst	burst	burst	scoppiare
to buy	bought	bought	comperare
to catch	caught	caught	afferrare
to choose	chose	chosen	scegliere
to come	came	come	venire
to cost	cost	cost	costare
to cut	cut	cut	tagliare
to do	did	done	fare
to draw	drew	drawn	disegnare
to dream	dreamt	dreamt	sognare
to drink	drank	drunk	bere
to drive	drove	driven	guidare
to eat	ate	eaten	mangiare
to fall	fell	fallen	cadere
to feed	fed	fed	nutrire
to feel	felt	felt	sentire
to fight	fought	fought	lottare
to find	found	found	trovare
to fly	flew	flown	volare
to forget	forgot	forgotten	dimenticare

to forgive	forgave	forgiven	perdonare
to freeze	froze	frozen	gelare
to get	got	got	ottenere; diventare
to give	gave	given	dare
to go	went	gone	andare
to grind	ground	ground	macinare
to grow	grew	grown	crescere
to hang	hung	hung	appendere
to hear	heard	heard	sentire
to hide	hid	hidden	nascondere
to hit	hit	hit	colpire
to hold	held	held	tenere
to hurt	hurt	hurt	ferire, dolere
to keep	kept	kept	tenere
to kneel	knelt	knelt	inginocchiarsi
to know	knew	known	sapere
to lay	laid	laid	deporre
to lead	led	led	condurre
to learn	learned/learnt	learned/learnt	imparare
to leave	left	left	lasciare; partire
to lend	lent	lent	prestare
to let	let	let	lasciare
to lie	lay	lain	giacere
to light	lit	lit	accendere
to lose	lost	lost	perdere
to make	made	made	fare
to mean	meant	meant	intendere
to meet	met	met	incontrare
to pay	paid	paid	pagare
to put	put	put	mettere
to read	read	read	leggere
to ride	rode	ridden	cavalcare
to ring	rang	rung	suonare
to rise	rose	risen	sorgere
to run	ran	run	correre

to say	*said*	*said*	dire
to see	*saw*	*seen*	vedere
to sell	*sold*	*sold*	vendere
to send	*sent*	*sent*	mandare
to set	*set*	*set*	collocare
to sew	*sewed*	*sewed/sewn*	cucire
to shake	*shook*	*shaken*	scuotere
to shine	*shone*	*shone*	splendere
to shoot	*shot*	*shot*	sparare
to show	*showed*	*showed/shown*	mostrare
to shrink	*shrank*	*shrunk*	restringersi
to shut	*shut*	*shut*	chiudere
to sing	*sang*	*sung*	cantare
to sink	*sank*	*sunk*	affondare
to sit	*sat*	*sat*	sedere
to sleep	*slept*	*slept*	dormire
to smell	*smelled/smelt*	*smelled/smelt*	annusare; odorare
to speak	*spoke*	*spoken*	parlare
to spell	*spelled/spelt*	*spelled/spelt*	compitare
to spend	*spent*	*spent*	spendere
to spill	*spilled/spilt*	*spilled/spilt*	versare
to spit	*spat*	*spat*	sputare
to split	*split*	*split*	spaccare, dividere
to spoil	*spoiled/spoilt*	*spoiled/spoilt*	rovinare; viziare
to spread	*spread*	*spread*	spargere
to stand	*stood*	*stood*	stare in piedi
to stick	*stuck*	*stuck*	appiccicare
to sting	*stung*	*stung*	pungere
to strike	*struck*	*struck*	battere, colpire
to swear	*swore*	*sworn*	giurare
to swim	*swam*	*swum*	nuotare
to swing	*swung*	*swung*	dondolare
to take	*took*	*taken*	prendere
to teach	*taught*	*taught*	insegnare
to tear	*tore*	*torn*	strappare

to tell	told	told	dire
to think	thought	thought	pensare
to throw	threw	thrown	gettare
to understand	understood	understood	capire
to wake	woke	woken	svegliare
to wear	wore	worn	indossare
to weave	wove	woven	tessere
to weep	wept	wept	piangere
to win	won	won	vincere
to write	wrote	written	scrivere

NOTE

■ Nell'inglese americano il participio passato di *to get* è sia *got* che *gotten*.

■ Attenzione a non confondere i seguenti verbi:

to fall/fell/fallen	cadere
to feel/felt/felt	sentire
to fill/filled/filled	riempire
to lay/laid/laid	deporre
to lie/lay/lain	giacere
to lie/lied/lied	mentire
to leave/left/left	lasciare
to live/lived/lived	vivere
to raise/raised/raised	alzare
to rise/rose/risen	sorgere

Formazione e uso dei modi e dei tempi

Indicativo

Presente

La maggior parte dei verbi inglesi ha due tipi di presente:

■ il **presente semplice** (*simple present*), che corrisponde al **presente** indicativo italiano;

■ il **presente progressivo** (*present continuous*), che rende un **presente** italiano o **stare** + gerundio.

● Presente semplice

FORMAZIONE

■ Il presente semplice dei verbi ordinari si forma togliendo *to* all'infinito e aggiungendo *-s* alla terza persona singolare:

I come	io vengo
you come	tu vieni
he comes	egli viene

! Aggiungono *-es*:

i verbi che terminano in *-y* preceduta da consonante (in questo caso *y* si trasforma in *i*)

to cry piangere → *cries*, *to hurry* affrettarsi → *hurries*

i verbi che terminano in *-ch*, *-s*, *-sh*, *-x*, *-z*, *o*

to watch guardare → *watches*, *to miss* perdere → *misses*, *to brush* spazzolare → *brushes*, *to fix* riparare → *fixes*, *to buzz* ronzare → *buzzes*, *to go* andare → *goes*, *to do* fare → *does*

■ La forma negativa si ottiene con l'ausiliare *do/does not* + l'infinito senza *to* del verbo principale; nella lingua parlata sono molto usate le forme contratte ***don't/doesn't***:

*I **do not** play the piano*
Non suono il piano

*She **doesn't** play tennis*
Non gioca a tennis

■ La forma interrogativa antepone l'ausiliare *do/does* al soggetto:

***Do** you live here?*
Abiti qui?

***Does** he work in your office?*
Lavora nel tuo ufficio?

■ La forma interrogativa negativa antepone ***don't/doesn't*** al soggetto:

***Don't** you live here?*
Non abiti qui?

***Doesn't** he work in your office?*
Non lavora nel tuo ufficio?

! Per dare particolare enfasi *do*/*does* possono precedere il verbo nella forma affermativa:

*This diet really **does** help you to lose weight*
Questa dieta ti aiuta **sicuramente** a dimagrire

USO

Il presente semplice si usa:

■ per parlare di realtà permanenti o di azioni abituali:

*The Earth **goes** round the Sun*
La Terra **gira** intorno al Sole

*Steve **works** for a shipping company*
Steve **lavora** per una compagnia di navigazione

*We often **eat** vegetables*
Mangiamo spesso verdura

■ per parlare di stati d'animo o di opinioni:

*I **feel** anxious about the exam*
Sono in ansia per l'esame

*I **think** you are wrong*
Penso che tu abbia torto

■ per raccontare la trama di un libro, di un lavoro teatrale o di un film:

*In Act I Hamlet **meets** the ghost of his father*
Nel I atto Amleto **incontra** il fantasma di suo padre

! In inglese, il presente semplice traduce il futuro italiano per eventi che sono stati programmati (di solito legati a un orario o calendario) e nelle frasi secondarie rette da *if* se, *when* quando, *as soon as* non appena:

*School **starts** on September 15th*
La scuola **inizierà** il 15 settembre

*I'll give him your message **if I see** him*
Gli darò il tuo messaggio **se** lo **vedrò**

! In inglese, non si usa il presente bensì il passato prossimo per indicare il perdurare di un'azione iniziata nel passato (vedi Forma di durata, pag. 117):

*I've **known** her since 1996* (NON: *I know her since...*)
La **conosco** dal 1996

● Presente progressivo

FORMAZIONE

Si ottiene con il presente di *to be* + la forma in *-ing* del verbo principale:

> They **are working** hard (affermativa)
> Lavorano/Stanno lavorando sodo
> They **aren't working** hard (negativa)
> **Are** they **working** hard? (interrogativa)
> **Aren't** they **working** hard? (interrogativa negativa)

USO

Il presente progressivo **si usa**:

■ per un'azione che sta accadendo in questo momento:

> Look! The postman **is coming**
> Guarda! **Arriva** il postino

■ per un'azione che si verifica in questo periodo:

> They **are living** in Boston at present
> Al momento **abitano** a Boston

■ per un cambiamento o processo in corso:

> The child **is getting** bigger every day
> Il bambino **diventa** più grande ogni giorno

■ per indicare un'azione futura intenzionale o già programmata, o per chiedere di progetti futuri:

> We're **going** to Mexico next summer
> **Andremo** in Messico la prossima estate
> What **are** you **doing** next weekend?
> Che cosa **farai** il prossimo fine settimana?

■ con gli avverbi di frequenza per esprimere disapprovazione per il ripetersi dell'azione:

> The weather **is continually changing** here
> Il tempo **cambia di continuo** qui

La forma progressiva **non si usa** mai con i verbi che esprimono azioni involontarie, quali:

- i verbi che indicano uno stato d'animo (*to detest* detestare, *to hate* odiare, *to like* piacere, *to love* amare, *to prefer* preferire);

- i verbi che indicano attività del pensiero (*to believe* credere, *to forget* dimenticare, *to know* conoscere, *to remember* ricordare, *to think* pensare, *to understand* capire);

! Ma *to think* ammette la forma progressiva nei significati di meditare, riflettere. Confronta:

I *think* you are quite right
Penso (credo) che tu abbia perfettamente ragione
I'm *thinking* of starting a new life
Sto pensando di iniziare una nuova vita
I'm *thinking* about my future
Sto pensando al mio futuro

- i verbi di volontà e di desiderio (*to desire* desiderare, *to want* volere, *to wish* desiderare);

- i verbi di possesso (*to belong* appartenere, *to own* possedere);

- i verbi di percezione (*to hear* sentire, *to see* vedere).

! Ma *to see* ammette la forma progressiva nel significato di incontrare:

I'm *seeing* the doctor at ten o'clock
Vedrò (incontrerò) il dottore alle dieci

Passato

In inglese ci sono sei tempi diversi per rendere il passato:

- il **passato prossimo** (*present perfect*);
- il **passato prossimo progressivo** (*present perfect continuous*);
- il **passato semplice** (*simple past*);
- il **passato progressivo** (*past continuous*);
- il **trapassato** (*past perfect*);
- il **trapassato progressivo** (*past perfect continuous*).

● Passato prossimo

Traduce il **passato prossimo** italiano e, nella forma di durata (vedi pag. 117), il **presente** indicativo.

FORMAZIONE

Il passato prossimo si forma con il presente di *to have* + il participio passato del verbo principale:

> We **have read** *that book* (affermativa)
> **Abbiamo letto** quel libro
>
> We **have not** (**haven't**) **read** *that book* (negativa)
>
> **Have** *you* **read** *that book?* (interrogativa)
>
> **Haven't** *you* **read** *that book?* (interrogativa negativa)

USO

Il passato prossimo **si usa**:

- per un'azione che è stata compiuta, ma in un tempo non precisato o non ancora concluso:

> *I've* **broken** *my arm*
> **Mi sono rotto** il braccio
>
> *My Italian* **has improved** *a lot this year*
> Il mio italiano è molto **migliorato** quest'anno

- per un'azione che fino al presente non è ancora stata compiuta:

> *He* **hasn't phoned** *today; maybe he'll call tonight*
> **Non ha telefonato** oggi; forse chiamerà stasera

- con avverbi di tempo quali *ever*, *never*, *yet*, *already*, *before*:

> *Have* *you* **ever seen** *a ghost?*
> **Hai mai visto** un fantasma?
>
> *I have* **already had** *breakfast*
> **Ho già fatto** colazione

Il passato prossimo **traduce** il presente indicativo italiano:

- quando esprime un'azione iniziata nel passato che perdura nel presente (forma di durata); in questo caso il complemento di tempo può essere retto da *for* (se indica la durata dell'azione) o da *since* (se indica il momento preciso in cui l'azione è iniziata):

> *She* **has worked** *in this office* **for** *years*
> **Lavora** in questo ufficio **da** anni
>
> *We've* **known** *each other* **since** *1990*
> Ci **conosciamo** dal 1990

- dopo la locuzione *it's/this is the first (second, ...) time* è la prima (seconda, ...) volta:

  It's the first time I've been *to Mexico*
  È la prima volta che vengo in Messico

● Passato prossimo progressivo

Traduce il **passato prossimo** italiano e, nella forma di durata, il **presente** indicativo.

FORMAZIONE

Si forma con il passato prossimo di ***to be*** + la forma in ***-ing*** del verbo principale:

***I've been smoking** for years* (affermativa)
Fumo da anni
*I **haven't been smoking** for years* (negativa)
*How long **have** you **been smoking**?* (interrogativa)
*How long **haven't** you **been smoking**?* (interrogativa negativa)

USO

Si usa la forma progressiva del passato prossimo, anziché quella semplice:

- per parlare di un'azione non portata a termine o ancora in corso nel presente:

  I've been keeping the wine in the fridge – is that OK?
  Ho tenuto il vino nel frigo – va bene?

- per sottolineare la continuità e l'estensione di un'azione anziché il suo risultato. Confronta:

  *I must have a shower, **I've been gardening** all afternoon* (sottolineo la continuità dell'azione)
  Devo fare una doccia, **ho lavorato in giardino** tutto il pomeriggio
  *I've **planted** a lot of new rose bushes* (sottolineo il risultato di un'azione completata)
  Ho piantato molti nuovi cespugli di rose

● Passato semplice

Traduce il **passato remoto**, il **passato prossimo**, l'**imperfetto indicativo** e l'**imperfetto congiuntivo** italiani.

FORMAZIONE

- I verbi regolari aggiungono **-ed** (**-d** se il verbo termina in **e**) all'infinito senza *to*; i verbi irregolari hanno forme proprie:

  to work lavorare → *wor**ked***, *to love* amare → *lov**ed***, *to go* andare → *went*

- La forma negativa si ottiene con l'ausiliare **did not** (**didn't**) + l'infinito del verbo senza *to*:

  *She **did not** work*; *They **didn't** go*

- La forma interrogativa antepone **did** al soggetto + l'infinito senza *to*:

  ***Did** she work?*; ***Did** they go?*

- La forma interrogativa negativa antepone **didn't** al soggetto + l'infinito senza *to*:

  ***Didn't** she work?*; ***Didn't** they go?*

SPELLING

Alcuni verbi subiscono variazioni ortografiche prima di aggiungere **-ed**:

- quelli che terminano in **-y** preceduta da consonante trasformano la **y** in **i**:

  to hurry affrettarsi → *hurr**ied***, *to cry* piangere → *cr**ied***, *to study* studiare → *stud**ied***

- quelli che terminano con una sola consonante preceduta da una sola vocale accentata raddoppiano la consonante:

  to plan programmare → *pla**nn**ed*, *to refer* riferire → *refe**rr**ed*, *to regret* rimpiangere → *regre**tt**ed*

! Nel British English la **-l** finale raddoppia sempre indipendentemente dall'accento:

  to travel viaggiare → *trave**ll**ed*

- quelli che terminano in **-ic** aggiungono una **k** prima di **-ed**:

  to picnic fare un picnic → *picni**ck**ed*

USO

Il passato semplice si usa:

- per un'azione avvenuta in un tempo completamente passato e ben definito:

  *Alfred **smoke** five cigars **last night***
  Alfred **ha fumato/fumò** cinque sigari **ieri sera**

- per un'abitudine nel passato:

  *He **lived** in London in his childhood*
  Abitava a Londra quando era bambino

! In questo caso si può sostituire il passato con ***used to*** + infinito quando si vuole sottolineare che ora l'azione non avviene più:

  *He **used to live** in London in his childhood*

- nei racconti:

  *The Princess **went into** a room and there she **saw** a spinning wheel*
  La principessa **entrò** in una stanza e là **vide** un arcolaio

- per tradurre il congiuntivo imperfetto italiano:

  *If he **ate** less, he would feel better*
  Se **mangiasse** meno si sentirebbe meglio

● **Passato progressivo**

Traduce l'**imperfetto** del verbo principale o della locuzione **stare** + gerundio.

FORMAZIONE

Si forma con il passato semplice di ***to be*** + la forma in ***-ing*** del verbo principale:

  *You **were singing*** (affermativa)
  Cantavi/Stavi cantando
  *You **were not (weren't) singing*** (negativa)
  ***Were** you **singing**?* (interrogativa)
  ***Weren't** you **singing**?* (interrogativa negativa)

USO

Il passato progressivo si usa:

- per indicare lo svolgersi di un'azione nel passato, che fa eventualmente da sfondo a un'altra azione che subentra:

*What **were** you **doing** at ten o'clock yesterday evening?*
Che cosa **stavi facendo** ieri sera alle dieci?

I was watching TV
Guardavo la TV

*The phone rang while I **was having** a shower*
Il telefono squillò mentre **facevo** la doccia

■ con avverbi di frequenza per esprimere disapprovazione per il ripetersi di un'azione nel passato:

*I didn't like that girl – she **was continually borrowing** money*
Quella ragazza non mi piaceva – **chiedeva di continuo** denaro **in prestito**

● Trapassato

Traduce il **trapassato prossimo** e il **trapassato congiuntivo** italiani o, nella forma di durata (vedi pag. 117), l'**imperfetto** indicativo.

FORMAZIONE

Il trapassato si forma con il passato semplice di *to have* + il participio passato del verbo principale:

*She **had met** him before* (affermativa)
Lei lo aveva incontrato precedentemente

*She **hadn't met** him before* (negativa)

***Had** she **met** him before?* (interrogativa)

***Hadn't** she **met** him before?* (interrogativa negativa)

USO

Il trapassato **si usa** per un'azione avvenuta prima di un'altra nel passato:

*When I arrived at the party, Alfred **had** already **gone** home*
Quando arrivai alla festa, Alfred **era** già **andato** a casa

Il trapassato **traduce**:

■ il trapassato congiuntivo italiano nelle frasi condizionali irreali dopo *if* se, *if only* se solo, *I wish* vorrei, *I would rather* preferirei:

*If he **had gone** to university he would have studied biology*
Se fosse andato all'università avrebbe studiato biologia

If only I had listened to you!
Se solo ti **avessi ascoltato**!

I wish you had told me the truth
Vorrei che tu mi **avessi detto** la verità

I'd rather she had asked me before renting the car
Avrei preferito che me l'**avesse chiesto** prima di noleggiare la macchina

- l'imperfetto indicativo italiano quando esprime un'azione iniziata nel passato e che perdura nel momento passato cui ci si riferisce (forma di durata), o dopo la locuzione *it was the first* (*second*, ...) *time*:

*They **hadn't seen** him since his wedding*
Non lo vedevano dal giorno del suo matrimonio

It was the first time I had seen such a view
Era la prima volta che vedevo un panorama simile

● Trapassato progressivo

Traduce il **trapassato prossimo** italiano o l'**imperfetto** nella forma di durata.

FORMAZIONE

Si forma con il trapassato di *to be* + la forma in *-ing* del verbo principale.

*They **had been working** there since 1992* (affermativa)
Lavoravano lì dal 1992

*They **hadn't been working** there for a long time* (negativa)

*How long **had they been working** there?* (interrogativa)

*__Hadn't__ they **been working** there for three years?* (interrogativa negativa)

USO

Il trapassato progressivo si usa:

- per indicare la continuità di un'azione nel passato:

*She **had been reading** ghost stories, and her mind was full of strange images*
Aveva letto storie di fantasmi e la sua mente era piena di strane immagini

■ per rendere l'imperfetto italiano nella forma di durata; enfatizza la continuità dell'azione che è iniziata nel passato e perdura nel momento passato cui ci si riferisce:

*She **had been running** for half an hour*
Correva da mezz'ora

Futuro

In inglese ci sono tre tempi futuri:

■ il **futuro semplice** (*simple future*);
■ il **futuro progressivo** (*future continuous*);
■ il **futuro anteriore** (*future perfect*).

● Futuro semplice

Traduce il **futuro semplice** italiano.

FORMAZIONE

Si forma con **will** (**shall** per le prime persone) + l'infinito senza *to* del verbo principale:

*They **will be** at the wedding* (affermativa)
Saranno al matrimonio
*They **will not** (**won't**) **be** at the wedding* (negativa)
***Will** they **be** at the wedding?* (interrogativa)
***Won't** they **be** at the wedding?* (interrogativa negativa)

USO

Il futuro semplice si usa:

■ per avvenimenti futuri che non dipendono dalla volontà di chi parla:

*It**'ll be** spring soon*
Sarà presto primavera

■ per fare previsioni, parlare di programmi incerti, esprimere speranze o timori:

*Who **will win** on Saturday?*
Chi **vincerà** sabato?

We'll probably **go** *to the theatre*
Probabilmente **andremo** a teatro

I hope they **will phone** *me soon*
Spero che mi **telefoneranno** presto

- per fare una promessa:

  I promise I'll do *as you want*
  Prometto che **farò** come vuoi tu

- per dare ordini:

  You **will start** *work at eight o'clock sharp!*
  Comincerai a lavorare alle otto in punto!

! Non si usa il futuro ma il presente in frasi secondarie introdotte da *if* se, *when* quando, *while* mentre, *after* dopo che, *before* prima che, *till/until* finché, *as soon as* (non) appena, *as long as* per tutto il tempo che, *the first time* la prima volta che, *the next time* la prossima volta che, quando il verbo della principale è al futuro, all'imperativo o è un modale:

You can take my car **if** *you* **need** *it*
Puoi prendere la mia auto **se** ne **hai bisogno**

Phone me **when** *you* **have** *time*
Telefonami **quando avrai** tempo

I'll phone you **as soon as** *I get home*
Ti telefonerò **non appena arriverò** a casa

● Futuro progressivo

Traduce il **futuro semplice** italiano del verbo principale o della locuzione **stare** + gerundio.

FORMAZIONE

Si forma con il futuro semplice di *to be* + la forma in *-ing* del verbo principale:

They **will be having** *time to finish* (affermativa)
Avranno tempo per finire

They **will not** (**won't**) **be having** *time to finish* (negativa)

Will *they* **be having** *time to finish?* (interrogativa)

Won't *they* **be having** *time to finish?* (interrogativa negativa)

USO

Il futuro progressivo si usa:

- nella lingua parlata per indicare programmi o avvenimenti pre-stabiliti (in alternativa al presente progressivo):

  *Where **will** you **be going** this summer?*
  Dove **andrai** quest'estate?

- per esprimere un'azione futura che si starà svolgendo in un particolare momento:

  *This time tomorrow **I'll be sunbathing** on the beach*
  Domani a quest'ora **starò prendendo il sole** sulla spiaggia

● Futuro anteriore

Traduce il **futuro anteriore** italiano.

FORMAZIONE

Si forma con il futuro di *to have* + il participio passato del verbo principale:

  *They **will have arrived** by that time* (affermativa)
  Saranno arrivati per quell'ora
  *They **will not** (**won't**) **have arrived** by that time* (negativa)
  ***Will** they **have arrived** by that time?* (interrogativa)
  ***Won't** they **have arrived** by that time?* (interrogativa negativa)

USO

Il futuro anteriore si usa:

- per indicare un'azione futura antecedente a un'altra nel futuro:

  *When I see him he **will have finished** his exam*
  Quando lo vedrò **avrà finito** il suo esame

- per parlare di un'azione iniziata nel passato che perdurerà nel momento futuro cui ci si riferisce (forma di durata). In tal caso si preferisce la forma progressiva resa con *shall*/*will* **have been** + la forma in *-ing* del verbo principale:

  *I'll **have been teaching**/I'll **have taught** for ten years this summer*
  Quest'estate **saranno** dieci anni **che insegno**
  (**Avrò insegnato** da dieci anni quest'estate)

● Altri modi per tradurre il futuro italiano

- Si usa comunemente il **presente progressivo** per indicare un'azione futura frutto di decisione, programmazione o accordo:

  I am having dinner at Alberto's tomorrow
  Domani **andrò** a cena a casa di Alberto

- Si ricorre alla forma *to be going* + infinito con *to* per indicare l'intenzione del soggetto di compiere una certa azione futura o per previsioni fatte sulla base di prove evidenti:

  Steve is going to get a new car soon
  Steve **comprerà** presto una nuova auto

  Look at the sky. It's going to rain soon
  Guarda il cielo. Presto **si metterà** a piovere

- Si usa *must* per una deduzione:

  They must be waiting for us
  Ci **staranno aspettando**

- Si usa *may* per una concessione:

  She may be rich, but she is not happy
  Sarà ricca, ma non è felice

Forma di durata

- La forma di durata *(duration form)* indica un'azione o uno stato che hanno avuto inizio nel passato e che perdurano nel presente o perduravano nel momento passato cui ci si riferisce.

- Corrisponde a due costruzioni italiane di cui una **personale** (con nome/pronome soggetto) e una **impersonale** (con il verbo essere + l'espressione di tempo):

  I have known him for three years
  Lo **conosco** da tre anni (personale)
  Sono tre anni che lo **conosco** (impersonale)

- Le corrispondenze tra i tempi inglesi e quelli italiani sono le seguenti:

inglese	italiano
passato prossimo (progressivo)	presente
I have lived/have been living in this house for one year	**Abito** in questa casa da un anno

inglese	italiano
trapassato (progressivo)	imperfetto
*I **had worked**/**had been** **working** for that society since 1980*	**Lavoravo** per quella società dal 1980

inglese	italiano
futuro anteriore (progressivo)	futuro
*I **will have studied**/**will have been studying** Chinese for 6 years next September*	**Saranno** sei anni a settembre che studio il cinese

! La forma progressiva si usa con i verbi di azione; quelli che non possono assumerla (vedi Presente progressivo, pag. 106) usano la forma semplice

*I **have been collecting** stamps since I was a child*
Raccolgo francobolli da quando ero bambino

*She **has loved** him for ten years*
Lo **ama** da dieci anni

■ Nella forma di durata il verbo è seguito da un complemento di tempo continuato che è introdotto in inglese da:

■ *for* per indicare tutta la **durata** dell'azione o della situazione

*I'**ve had** this car **for** six months*
Ho quest'auto **da** sei mesi

■ *since* per indicare l'**inizio** dell'azione o della situazione in corso

*I'**ve had** this car **since** Easter*
Ho quest'auto **da** Pasqua

! In alternativa alla *duration form* si può usare la costruzione *it's* + tempo trascorso + *since* + passato semplice per indicare quanto tempo è trascorso dal compimento dell'azione. Confronta:

*I **have been working** here **for three months***
Lavoro qui **da tre mesi**

*It's three months since I **worked** here*
Sono tre mesi che lavoro qui

Tale costruzione può sostituire la forma di durata in frasi negative per parlare dell'**ultima volta che**:

*I **haven't seen** him **for** two years*
Non lo **vedo da** due anni

It's two years since I (last) saw him
Sono passati due anni da quando l'**ho visto** (l'ultima volta)

▌ Condizionale

I tempi del condizionale sono tre:

- **condizionale presente** (*present conditional*);
- **condizionale presente progressivo** (*present conditional continuous*);
- **condizionale passato** (*perfect conditional*).

Condizionale presente

FORMAZIONE

Si forma con *would* (*should* per le prime persone) + l'infinito senza *to* del verbo principale:

*They **would** (**they'd**) **do** that* (affermativa)
Lo farebbero

*They **would not** (**wouldn't**) **do** that* (negativa)

***Would** they **do** that?* (interrogativa)

***Wouldn't** they **do** that?* (interrogativa negativa)

USO

Il condizionale presente si usa:

- per esprimere le conseguenze di un'ipotesi:

  *If I knew his address I **should give** it to you*
  Se sapessi il suo indirizzo te lo **darei**

- per esprimere un'azione o situazione futura prevista nel passato (Futuro nel passato, vedi pag. 121); in tal caso in italiano si usa il condizionale passato:

  *I thought you **would talk** to her*
  Pensavo che le **avresti parlato**

- accompagnato dall'infinito senza *to*, per parlare di abitudini nel passato:

  *When he was old, he **would sit** in the corner talking to himself for hours*
  Quando era vecchio **sedeva** nell'angolo a parlare da solo per ore

! Il condizionale di *to like* traduce volere, gradire:

I'd like an ice cream
Vorrei un gelato
Would you like a drink?
Gradirebbe/Gradisce qualcosa da bere?

Condizionale presente progressivo

FORMAZIONE

Si ottiene con **would** (**should**) **be** + la forma in **-ing** del verbo principale:

She would (she'd) be going (affermativa)
Lei andrebbe
She would not (wouldn't) be going (negativa)
Would she be going? (interrogativa)
Wouldn't she be going? (interrogativa negativa)

USO

Il condizionale presente progressivo si usa:

■ per indicare un'azione che sarebbe in corso se si fossero verificate condizioni favorevoli:

*If we hadn't missed the plane, we **should be visiting** London now*
Se non avessimo perso l'aereo, ora **staremmo visitando** Londra

■ per sottolineare lo svolgersi di un'azione futura prevista nel passato (Futuro nel passato, vedi pag. 121):

*He promised he **would be looking** for a flat soon*
Promise che **avrebbe cercato** presto un appartamento

Condizionale passato

FORMAZIONE

Si ottiene con **would** (**should**) **have** + il participio passato del verbo principale:

He would (he'd) have bought a new car (affermativa)
Avrebbe acquistato un'auto nuova
He would not (wouldn't) have bought a new car (negativa)
Would he have bought a new car? (interrogativa)
Wouldn't he have bought a new car? (interrogativa negativa)

USO

Il condizionale passato si usa per parlare di azioni o situazioni non realizzate nel passato perché le ipotesi o le condizioni necessarie non si sono verificate:

*If Sam hadn't left, we **should have gone** to the party*
Se Sam non fosse partito **saremmo andati** alla festa

*They **wouldn't have rented** a car if they had had theirs*
Non avrebbero noleggiato una macchina se avessero avuto la loro

Futuro nel passato

Il futuro nel passato (*future in the past*) descrive un'azione futura progettata o prevista nel suo accadere nel passato. Si trova in frasi secondarie introdotte da verbi quali *to think*, *to say*, *to tell*, *to promise* al passato.

FORMAZIONE

Si forma con *would* (*should*) + l'infinito senza *to* del verbo principale o, nella forma progressiva, con *would* (*should*) *be* + la forma in *-ing* del verbo principale:

*He told us he **would be** late*
Ci disse che **avrebbe fatto** tardi

*We thought you **would be leaving** soon*
Pensavamo che **sareste partiti** presto

USO

Il futuro nel passato si usa:

■ in luogo del condizionale passato italiano, quando il verbo della secondaria dipende da una principale con verbo al passato ed esprime un'idea di fututo:

*We hoped they **wouldn't come***
Speravamo che **non sarebbero venuti**

■ nel passaggio al discorso indiretto quando c'è il futuro semplice nel discorso diretto:

*"**I'll look after** the baby"* → *She said she **would look after** the baby*
"**Mi prenderò cura** del bambino" → Disse che **si sarebbe presa cura** del bambino

▌ Congiuntivo

Il congiuntivo (*subjunctive*) è un modo quasi estinto in inglese e viene generalmente sostituito dall'indicativo. Ha due tempi: **presente** (*present*) e **passato** (*past*).

Congiuntivo presente

- Si forma, per tutte le persone, togliendo il *to* all'infinito; in italiano si traduce con il **congiuntivo** presente.

- Si usa in espressioni idiomatiche quali:

God **save** the Queen!	Dio salvi la regina!
God **bless** you!	Dio ti benedica!
Come what may	Accada quel che accada
Heaven **forbid** that...	Il cielo non voglia che...

Congiuntivo passato

- Nella forma è uguale al **passato semplice**; in italiano si traduce con il **congiuntivo** presente o imperfetto.

! Il congiuntivo passato di *to be* è *were* per tutte le persone:

  *If I **were** you, I wouldn't go there*
  Se **fossi** in te, non ci andrei

- Nel linguaggio informale questo modo tende a scomparire. Si usa:

- dopo *it is time* è ora che

  *It's **time** you **went** home*
  È ora che tu **vada** a casa

- dopo *as if/as though* come se, per indicare irrealtà o improbabilità nel presente

  *She speaks **as if** she **knew** all about the subject*
  Parla **come se sapesse** tutto sull'argomento
  *He behaved **as though** he **liked** the place*
  Si comportava **come se** gli **piacesse** il posto

- dopo *if* se, nel periodo ipotetico della possibilità o dell'irrealtà nel presente e nel futuro (vedi pag. 29)

If I knew the answer, I should tell you
Se sapessi la risposta te la darei

If I were your age, I should go dancing, too
Se avessi la tua età andrei anch'io a ballare

▌ Imperativo

■ La seconda persona singolare e plurale dell'imperativo (*imperative*) si rende con l'infinito senza *to*; la forma negativa antepone ***don't*** (***do not***) al verbo:

Come on! Hurry up! Look!
Dai! Muoviti! Guarda!

Don't (do not) touch!
Non toccare!

■ Le altre persone si rendono con ***let*** + pronome/nome + infinito senza *to*; la forma negativa si costruisce con ***let*** + pronome/nome + ***not*** (o meno comunemente con ***don't let*** + pronome/nome) + infinito:

Let us (let's) go!
Andiamo!

Let people know!
Che la gente sappia!

Let's not go out tonight/Don't let's go out tonight
Non usciamo stasera

USO

L'imperativo si usa:

■ per dare un comando o fare una richiesta:

Go away!
Andate via!

Open the window, please
Apri la finestra per favore

■ per formulare un invito o una proposta:

Stay and have dinner with us
Rimani, cena con noi

Let's go to the cinema
Andiamo al cinema

■ per dare consigli, istruzioni, indicazioni:

Mind the step
Fai attenzione al gradino

Turn left and then *go* straight on
Gira a sinistra e poi **vai** avanti dritto

PARTICOLARITÀ

■ In uno stile formale si può premettere *do* alla forma affermativa per dare maggior forza a una richiesta cortese:

Do sit down
Sedetevi

■ Gli avverbi *always* sempre e *never* mai precedono l'imperativo:

Always remember what I told you (NON: *Remember always...*)
Ricorda **sempre** ciò che ti ho detto

■ Se un verbo di moto all'imperativo regge un infinito, questo perde il *to* e viene preceduto da *and*:

Go *and* *help* him, please
Va **ad aiutarlo**, per favore

▌Infinito

Esistono quattro forme di infinito preceduto di norma da *to*:

■ **infinito presente** (*present infinitive*):

to write (affermativa)
not to write (negativa)

■ **infinito presente progressivo** (*present infinitive continuous*):

to be writing (affermativa)
not to be writing (negativa)

■ **infinito passato** (*perfect infinitive*):

to have written (affermativa)
not to have written (negativa)

■ **infinito passato progressivo** (*perfect infinitive continuous*):

to have been writing (affermativa)
not to have been writing (negativa)

USO

Si usa l'infinito **preceduto da** *to*:

- dopo aggettivi o nomi che non reggono particolari preposizioni, o dopo pronomi:

  *He was **glad to see** Peter*
  Fu **felice di vedere** Peter

  *I have some **questions to ask***
  Ho delle **domande da fare**

  *I want **something to drink***
  Voglio **qualcosa da bere**

- quando è soggetto di una frase o quando sostituisce una proposizione relativa:

  ***To have gone** there would have been a mistake*
  Esservi **andato** sarebbe stato un errore

  *We were the first **to finish** the test*
  Siamo stati i primi **a finire** il test

- dopo un verbo seguito da *how*, *what*, *when*, *which*, *where*, *why*:

  *Show me **how to get** to the city centre*
  Indicami **come arrivare** in centro città

- dopo i verbi *to allow* permettere e *to order* ordinare:

  *The nurse **allowed me to go** into the room*
  L'infermiera mi **ha permesso di entrare** nella stanza

- dopo verbi ed espressioni quali:

to afford	permettersi il lusso
to ask	chiedere
to choose	scegliere
to decide	decidere
to deserve	meritare
to happen	accadere
to have a chance	avere la possibilità
to have the right	avere il diritto
to have time	avere tempo
to hope	sperare
to learn	imparare
to make an effort	fare uno sforzo

to make up one's mind	decidersi
to mean	intendere
to offer	offrire
to plan	programmare
to promise	promettere
to refuse	rifiutare
to seem	sembrare
to take the trouble	prendersi la briga
to take time	prendere il tempo per
to turn out	risultare

! I verbi di volontà, desiderio, attesa (*to expect, to wait for, to want, to wish*) e *would like* possono reggere una frase oggettiva costituita da complemento oggetto + infinito con **to**, reso in italiano con un verbo di tempo finito:

*She doesn't want **me to leave***
Non vuole **che io parta** (lett. Non vuole me partire)

*We're waiting for **the rain to stop***
Aspettiamo **che la pioggia smetta**

*I'd like **you to stay** here*
Vorrei **che tu rimanessi** qui

! Si può trovare il solo **to** se si vuole evitare una ripetizione:

*"Would you like to come?" "Thanks, I'd love **to**"*
"Ti piacerebbe venire?" "Sì, grazie, mi piacerebbe"

Si usa l'infinito **senza to**:

■ dopo i verbi modali e semimodali:

***Could** you **tell** me the time?*
Potresti dirmi l'ora?

*You **needn't drink** wine if you don't like it*
Non devi bere il vino se non ti piace

■ dopo le locuzioni *had better, would rather/sooner*:

*You'**d better go** to the doctor*
Faresti meglio ad andare dal dottore

*I'**d rather not go out** tonight*
Preferirei non uscire questa sera

! Quando *would rather/sooner* sono seguiti da una frase con un tempo finito si userà il passato semplice:

I'd rather you *didn't drive* so fast
Preferirei che tu **non guidassi** così velocemente

- dopo *to make* fare e *to let* permettere:

He made her cry
La **fece piangere**
Let me stay!
Fammi **restare**

- dopo *but*, *except* nel significato di eccetto che, tranne che:

She does nothing but sleep all day long
Non fa nient'altro **che dormire** tutto il giorno

- dopo *why* perché, in domande enfatiche:

Why not do it now?
Perché non farlo adesso?

- dopo *rather than* quando il secondo termine della comparazione è un infinito:

I prefer to stay at home alone rather than go out with him
Preferisco stare a casa da solo **piuttosto che uscire** con lui

- in un elenco di più infiniti dei quali solo il primo prende il *to*:

He wanted to see them and tell them the truth
Voleva **veder**li e **dir** loro la verità

- dopo i verbi di percezione (*to feel*, *to hear*, *to listen*, *to notice*, *to see*, *to smell*, *to taste*, *to watch*) quando l'azione è colta nella sua interezza:

I saw her cross the road
La **vidi attraversare** la strada
(ho visto che ha attraversato la strada da un lato all'altro)

! Se l'azione è colta in una sola fase del suo svolgimento, il verbo di percezione è seguito dalla forma in *-ing* (vedi pag. 128)

I saw her crossing the road
La **vidi attraversare** la strada
(l'ho vista mentre stava attraversando la strada)

! A differenza dell'italiano, non sono mai seguiti dall'infinito bensì da una forma verbale finita i verbi:

to believe credere	*to dream* sognare
to expect supporre	*to fancy* immaginare
to feel sentire	*to imagine* immaginare
to know conoscere	*to realize* accorgersi
to say dire	*to show* mostrare
to suppose supporre	*to swear* giurare

*I know **I am wrong***
So **di avere torto**

■ Forma in *-ing*

■ La forma in *-ing* (*-ing form*) è così chiamata perché si ottiene aggiungendo il suffisso **-ing** all'infinito del verbo.

■ In inglese serve a rendere il **gerundio** (*gerund*), il **participio presente** (*present participle*) e l'**infinito sostantivato** (*verbal noun*):

sleeping (affermativa)
dormendo/dormiente/il dormire
not sleeping (negativa)

SPELLING

Oltre alle modifiche ortografiche valide per il passato semplice (vedi pag. 110), occorre tenere presente che:

■ la *e* muta finale cade prima del suffisso **-ing**:

to live vivere → liv**ing**, *to come* venire → com**ing**

! Fanno eccezione, perché mantengono la *e*, i verbi:

to age invecchiare → ag**eing**
to dye tingere → dy**eing**
to eye fissare → ey**eing**
to glue incollare → glu**eing**

■ *ie* finale si trasforma in *-y* prima di *-ing*:

to die morire → d**ying**
to lie giacere → l**ying**

Gerundio

I tempi del gerundio (*gerund*) sono due:

- **gerundio presente** (*present*);
- **gerundio passato** (*past*).

Gerundio presente

- Corrisponde al **gerundio presente** italiano.
- Si forma aggiungendo il suffisso **-ing** all'infinito senza *to* (per le regole di spelling vedi Forma in **-ing**, pag. 128):

  eating (affermativa)
  mangiando
  not eating (negativa)

- Si usa:

- per indicare un'azione contemporanea ad un'altra

  *I spent the afternoon **swimming***
  Ho passato il pomeriggio **nuotando**

- come soggetto al posto dell'infinito se l'azione è considerata in senso generale

  ***Reading** is my favourite hobby*
  Leggere è il mio passatempo preferito

  ***Doing sports** is good for your health*
  Fare dello sport ti fa bene alla salute

- dopo una preposizione

  *She's good **at playing** the piano*
  Lei è brava **a suonare** il piano

  *I am tired **of repeating** you the same things*
  Sono stufo **di ripeter**ti sempre le stesse cose

  *I answered **without thinking***
  Risposi **senza pensare**

- dopo verbi fraseologici (vedi pag. 156)

  ***Do** you **feel like going** out tonight?*
  Hai voglia di uscire questa sera?

  ***I'm looking forward to leaving** for the States*
  Non vedo l'ora di partire per gli Stati Uniti

- dopo i verbi seguenti:

to admit ammettere	*to imagine* immaginare
to avoid evitare	*to keep* continuare
to consider considerare	*to mention* menzionare
to delay rimandare	*to mind* spiacere, importare
to deny negare	*to postpone* posporre
to detest detestare	*to propose* proporre
to enjoy godersi	*to risk* rischiare di
to fancy immaginare	*to suggest* suggerire
to finish finire	*to understand* capire

! In questo caso, se il soggetto della secondaria è diverso da quello della principale, si possono avere due costruzioni:

verbo + possessivo + forma in *-ing*

Do you mind my sitting *here?*
Le spiace se mi siedo qui?

verbo + pronome + forma in *-ing*

Fancy him doing *something like that!*
Chi immaginava facesse qualcosa del genere!

- dopo le espressioni:

  to be no good/to be no use
  non servire a nulla, essere inutile

  I can't help
  non posso fare a meno di

  I can't bear/I can't stand
  non posso sopportare di

  to be worth
  valere la pena, meritare

  It's no use trying again
  È inutile riprovarci**

  This museum is worth visiting
  Questo museo **merita di essere visitato**

Gerundio passato

Si forma con **having** + il participio passato. Corrisponde al **gerundio passato** italiano.

Si usa:

- per indicare un'azione precedente a un'altra:

  Having gone out late, I missed the train
  Essendo uscito tardi ho perso il treno

- talvolta al posto del gerundio presente quando l'azione è passata:

  *She admitted **stealing/having stolen** the ring*
  Ammise **di aver rubato** l'anello

Verbi + gerundio o infinito

- Dopo i verbi *to advise* consigliare, *to allow* permettere, *to forbid* proibire, *to permit* permettere, si usa di norma il **gerundio**; si usa l'**infinito** in presenza del complemento di termine:

  *He **advised leaving***
  Consigliò di partire
  *He **advised me to leave***
  Mi consigliò di partire

- Dopo i verbi *to hate* odiare, *to like* piacere, *to love* amare, *to prefer* preferire, si usa il **gerundio** se si tratta di un'azione abituale, l'**infinito** se si tratta di un'azione singola, particolare:

  I like going out in the evening but tonight I prefer to stay in
  Amo uscire la sera ma oggi **preferisco stare a casa**

- Si usa il **gerundio** in alternativa all'**infinito**:

- **senza differenza** di significato dopo verbi quali:

to bear tollerare	*to forgive* perdonare
to begin cominciare	*to intend* intendere
to choose scegliere	*to propose* proporre
to continue continuare	*to stand* tollerare
to detest detestare	*to start* cominciare

- con **significati diversi** dopo i verbi:

- *to need* aver bisogno, seguito dal **gerundio** quando l'azione è passiva, dall'**infinito** quando è attiva

  *Your car **needs washing***
  La tua auto **ha bisogno di essere lavata**

I need to go to the post office
Devo andare all'ufficio postale

- *to forget* dimenticare, *to regret* rimpiangere, *to remember* ricordare, seguiti dal **gerundio** quando l'azione è al passato, dall'**infinito** quando l'azione è al presente

  I'll never forget seeing the Queen
  Non **dimenticherò** mai **di aver visto** la regina

  I've forgotten to buy the soap
  Ho dimenticato di comprare il sapone

  I remember meeting her last year
  Ricordo di averla **incontrata** l'anno scorso

  I must remember to post this letter
  Devo **ricordarmi di imbucare** questa lettera

- *to go on* seguito dal **gerundio** quando significa continuare a fare ciò che si stava facendo, dall'**infinito** quando significa andare avanti per mettersi a fare qualcosa di nuovo

  He went on talking about his wife for another twenty minutes
  Continuò a parlare di sua moglie per altri venti minuti

  He stopped talking about his wife and went on to tell us about all his other problems
  Smise di parlare della moglie e **proseguì raccontando**ci tutti gli altri suoi problemi

  He went on to find a car park
  Proseguì per trovare un parcheggio

- *to stop* seguito dal **gerundio** quando significa smettere di fare qualcosa, dall'**infinito** quando significa fermarsi, arrestarsi per fare qualcosa

  Stop laughing!
  Smettete di ridere!

  I stopped to rest
  Mi fermai a riposare

- *to mean* seguito dal **gerundio** nel senso di implicare, significare, dall'**infinito** quando significa avere intenzione

  *If you want to pass the exam, it will **mean studying** hard*
  Se vorrai passare l'esame, **significherà studiare** molto

  *I **meant to ring** you but I forgot*
  Avevo intenzione di telefonarti ma mi sono dimenticato

- *to try* seguito dal **gerundio** quando significa fare un esperimento, provare, dall'**infinito** nel senso di cercare, sforzarsi:

  *Why don't you **try watching** less TV and **reading** more books?*
  Perché non **cerchi di guardare** meno la TV e **leggere** più libri?
  I'm trying to lose weight
  Sto cercando di perdere peso

- Si usa il **gerundio** al posto del participio passato italiano con i verbi *to hang* stare appeso, *to lie* giacere, *to kneel* inginocchiarsi, *to sit* stare seduto:

  *"Where is the girl?" "**Lying** on her bed"*
  "Dov'è la ragazza?" "**Sdraiata** sul letto"

Participio

I tempi sono due:

- **participio presente** (*present participle*);
- **participio passato** (*past participle*).

Participio presente

- Traduce il **participio presente**, un **aggettivo** o una **frase relativa**.

- Si forma aggiungendo *-ing* all'infinito senza *to* (per le regole di spelling vedi Forma in *-ing*, pag. 128)

  sleeping (affermativa)
  dormiente
  not sleeping (negativa)

- Si usa:

- con l'ausiliare *to be* per formare i tempi progressivi

  *She **was writing** a letter*
  Lei **stava scrivendo** una lettera

- come aggettivo

  *an **amusing** book*
  un libro **divertente**

! Unito a un nome con un trattino ne indica la specifica funzione

  ***dining**-room*
  sala da pranzo

washing-machine
lavatrice

■ in sostituzione di una frase relativa

*There's someone **knocking** at the door*
C'è qualcuno **che bussa** alla porta

■ dopo i verbi di sensazione, se l'azione viene osservata o percepita solo in una sua fase

*I **heard** her **singing***
L'**ho sentita cantare**

■ dopo i verbi *to come* venire e *to go* andare, se il verbo che segue indica attività fisica

Let's go swimming
Andiamo a nuotare

Come dancing
Vieni a ballare

Participio passato

FORMAZIONE

■ I verbi regolari aggiungono **-ed** all'infinito (le regole di spelling sono le stesse del passato semplice, vedi pag. 110)

to look guardare → *looked*

■ I verbi irregolari presentano forme particolari (vedi pag. 99)

to buy comprare → ***bought***

USO

Il participio passato si usa:

■ con l'ausiliare *to have* per formare i tempi composti passati:

*We **have accepted** the invitation*
Abbiamo accettato l'invito

*I **had recognized** him*
Lo **avevo riconosciuto**

■ con l'ausiliare *to be* per formare i tempi passivi:

*The journey **was organized** by our English teacher*
Il viaggio **fu organizzato** dal nostro insegnante di inglese

*The place **had** already **been taken***
Il posto **era** già **stato occupato**

- come aggettivo:

  *a **broken** glass*
  un bicchiere **rotto**

Verbi transitivi e intransitivi

- Sono **transitivi** i verbi che reggono un complemento oggetto:

  *The police **arrested the thief***
  La polizia **ha arrestato il ladro**

- Sono **intransitivi** i verbi che non possono essere seguiti da un complemento oggetto:

  *They **have** just **come back** from school*
  Sono appena **ritornati** da scuola

- Alcuni verbi **transitivi in inglese** sono **intransitivi in italiano**; fra i più comuni:

  to answer rispondere a   *to approach* avvicinarsi a
  to enter entrare in   *to mind* badare a
  to need aver bisogno di   *to remind* rammentare a
  to resemble assomigliare a   *to resist* resistere a
  to trust fidarsi di

  Answer the letter, please
  Rispondi alla lettera, per favore

- Alcuni verbi **intransitivi in inglese** sono **transitivi in italiano**:

  to account for spiegare   *to approve of* approvare
  to ask for chiedere   *to listen to* ascoltare
  to look at guardare   *to pay for* pagare
  to point to indicare   *to wait for* aspettare

  ***Look at** the landscape!*
  Guarda il paesaggio!

Verbi riflessivi

- Sono riflessivi i verbi che indicano un'azione che si riflette sul soggetto; le forme del verbo sono accompagnate da un pronome riflessivo:

I cut myself peeling the potatoes
Mi sono tagliato sbucciando le patate

Be careful. Don't hurt yourself!
Stai attento. **Non farti male!**

They enjoyed themselves
Loro **si sono divertiti**

- Il pronome riflessivo solitamente **si omette** dopo verbi quali:

  to be ashamed vergognarsi   *to behave* comportarsi

  to dress vestirsi   *to shave* radersi

  to wash lavarsi

  *Do you **shave** every morning?*
  Ti radi tutte le mattine?

- I riflessivi apparenti italiani non si rendono in inglese con un riflessivo ma con l'**aggettivo possessivo** corrispondente:

  I wash my hands   **Mi lavo le mani**

- Molti verbi **intransitivi pronominali** italiani (riflessivi nella forma ma non nel significato) corrispondono in inglese a verbi **non riflessivi**. Fra i più comuni:

  to apologize scusarsi   *to be interested* interessarsi

  to complain lamentarsi   *to fall asleep* addormentarsi

  to fall in love innamorarsi   *to feel* sentirsi

  to get up alzarsi   *to hurry (up)* affrettarsi

  to stop fermarsi   *to worry* preoccuparsi

  *She **feels** strange*
  Si sente strana

  *We **got up** late*
  Ci alzammo tardi

Forma attiva e forma passiva

I verbi transitivi possono essere in forma **attiva** o in forma **passiva**. Il verbo è:

- alla forma **attiva** quando l'azione è compiuta dal soggetto:

  They built this church in 1250
  Hanno costruito questa chiesa nel 1250

- alla forma **passiva** quando l'azione è subita dal soggetto:

  This church was built in 1250
  Questa chiesa fu costruita nel 1250

- il complemento d'agente è spesso sottinteso; se viene espresso è preceduto da *by*

  The Chinese vase was broken by Helen
  Il vaso cinese venne rotto **da** Helen

- tutte le forme del passivo sono costruite con l'ausiliare *to be* (opportunamente coniugato) + il participio passato del verbo principale.

Forma passiva

MODELLO DI CONIUGAZIONE

- Presente semplice: *am/are/is* + participio passato:

  This book is written in French
  Questo libro **è scritto** in francese

- Presente progressivo: *am/are/is being* + participio passato:

  My car is being repaired
  La mia auto **viene riparata**

- Passato semplice: *was/were* + participio passato;

  The door was locked
  La porta **venne chiusa**

- Passato progressivo: *was/were being* + participio passato:

  He knew that he was being watched
  Sapeva di **essere osservato**

- Passato prossimo: *have/has been* + participio passato:

  The letter has been posted
  La lettera **è stata imbucata**

- Trapassato: *had been* + participio passato:

  The police had been informed
  La polizia **era stata informata**

- Futuro semplice: *will be* + participio passato:

  The passage will be read again
  Il brano **sarà letto** ancora

- Futuro anteriore: *will have been* + participio passato:

  *He **will have been operated** by midday*
  Sarà stato operato per mezzogiorno

- Condizionale presente: *would be* + participio passato:

  *The bridge **would be built***
  Il ponte **sarebbe costruito**

- Condizionale passato: *would have been* + participio passato:

  *The bridge **would have been built***
  Il ponte **sarebbe stato costruito**

- Infinito presente: *to be* + participio passato:

  to be done
  essere fatto

- Infinito passato: *to have been* + participio passato:

  to have been invited
  essere stato invitato

- Gerundio presente: *being* + participio passato:

  being watched
  essendo guardato

- Gerundio passato: *having been* + participio passato:

  having been watched
  essendo stato guardato

USO

- Tipico dello stile formale o giornalistico, il passivo si usa per dare più risalto alla persona o cosa che subisce l'azione che non all'agente, il quale pertanto viene spesso omesso:

  *Too many books **have been written** about the Second World War*
  Troppi libri **sono stati scritti** sulla seconda guerra mondiale

- Il passivo traduce varie costruzioni italiane quali:

- **essere/venire/andare** + participio passato

  *We **are paid** monthly*
  Veniamo pagati mensilmente
  *The bill **is to be paid** by the 20th*
  La bolletta **va pagata** entro il 20

- il **si** passivante

  English is spoken here
  Qui **si parla** inglese

- il **si** impersonale con verbi come *to believe, to consider, to know, to report, to say, to suppose, to think, to understand*; in questo caso in inglese sono possibili due costruzioni:

- una **impersonale**, resa con *it* + la forma passiva + ***that***

  It is said that he is too young for that job
  Si dice che sia troppo giovane per quel lavoro

- una **personale**, formata dal soggetto della frase + la forma passiva del verbo + l'infinito (presente o passato)

  He is supposed to be twenty
  Si presume che abbia vent'anni

  She was thought to have been born in Spain
  Si pensava che fosse nata in Spagna

! La forma impersonale viene usata dai mass media nei casi in cui l'italiano ricorre al condizionale

  It is said/claimed/believed/reported that the police arrested one of the terrorists
  La polizia **avrebbe arrestato** uno degli attentatori

PARTICOLARITÀ

- Molti verbi seguiti da un complemento **diretto** (riferito a una cosa) e da uno **indiretto** (riferito a una persona) possono avere **due forme passive**:

- in una forma, il complemento oggetto della frase attiva diventa soggetto della passiva

  Mark sent the girl some flowers (attiva)
  Mark ha mandato **dei fiori** alla ragazza

  Some flowers were sent to the girl by Mark (passiva)
  Dei fiori furono mandati alla ragazza da Mark

- nell'altra, più diffusa, il complemento indiretto della frase attiva diventa soggetto della passiva

  The girl was sent some flowers by Mark (passiva)

- Fra questi verbi i più comuni sono:

allow permettere	*offer* offrire
answer rispondere	*pay* pagare
ask chiedere	*promise* promettere
give dare	*send* mandare
lend prestare	*show* mostrare
make fare	*tell* dire

- Eventuali **preposizioni** rette dal verbo vengono mantenute anche nella forma passiva e **poste in fondo alla frase**:

*The dinner was not **paid for***
Il pranzo non fu pagato

- Quando i verbi di percezione (*to hear*, *to see* ecc.) e *to make* sono seguiti da un infinito, questo è senza *to* alla **forma attiva**, con il *to* al **passivo**:

*I saw him **come out** of the house* (attiva)
L'**ho visto uscire** di casa

*He **was seen to come out** of the house* (passiva)
Fu visto uscire di casa

*They **made** me **wait*** (attiva)
Mi **hanno fatto aspettare**

*I **was made to wait*** (passiva)
Fui fatto aspettare

Verbi modali

I verbi *can*, *could*, *may*, *might*, *must*, *shall*, *should*, *ought to*, *will*, *would* sono detti modali o servili perché hanno la funzione di precisare il modo in cui si compie l'azione espressa dal verbo che reggono. Hanno in comune le seguenti caratteristiche:

- **non prendono la -*s*** alla terza persona singolare del presente:

*He **may** know the answer*
Lui **può** sapere la risposta

- **non prendono l'ausiliare *do*** alla forma interrogativa e negativa:

***Can** you tell me the time, please?*
Puoi dirmi l'ora per favore?

*You **mustn't** do that*
Non lo **devi** fare

- ad eccezione di *ought to*, sono **seguiti** tutti dall'**infinito senza** *to*:

  *I **must water** the flowers*
  Devo bagnare i fiori

- **mancano** dell'**infinito**, del **gerundio** e del **participio** passato;
  per questi modi si ricorre a verbi sostitutivi:

  *I'd like **to be able** (NON: *can*) to drive*
  Vorrei **poter** guidare

- il **condizionale passato** si rende con modale + infinito passato:

  *You **should have told** me the truth*
  Avresti dovuto dirmi la verità

Potere (*can/could, may/might*)

Potere si traduce con:

- *can/could* per esprimere capacità e abilità;
- *may/might* per indicare probabilità, supposizione e possibilità.

Can/could

FORME

can	indicativo presente
could	indicativo passato, imperfetto, condizionale presente

Le forme mancanti sono rese con *to be able to*.

Il condizionale passato di *can* è *could have*:

*You **could have helped** me*
Avresti potuto aiutarmi

USO

Can esprime:

- capacità:

  *I **can** drive*
  So guidare
  *I **can** read French, but I **can't** speak*
  So leggere il francese, ma **non** lo **so** parlare

! Per parlare di capacità futura si preferisce usare *will be able*

> *I'll be able to speak good German in a few months*
> **Potrò** parlare bene il tedesco fra pochi mesi

■ offerta, richiesta, permesso:

> *Can I carry your bag?*
> **Posso** portare la tua borsa?
>
> *Can you clean the kitchen, please?*
> **Puoi** pulire la cucina per favore?
>
> *"Can I ask you something?" "Yes, of course you can"*
> "**Posso** chiederti qualcosa?" "Certo che **puoi**"

■ possibilità presente e futura:

> *We can study tonight and go out tomorrow*
> **Possiamo** studiare questa sera e uscire domani

! *Can* si usa con i verbi di percezione per sottolineare il senso progressivo dell'azione

> *"What can you see in the photo?" "I can see a man laughing"*
> "Che cosa vedi nella foto?" "Vedo un uomo che ride"

Could esprime:

■ capacità in senso generale e possibilità:

> *She could play the piano when she was seven*
> **Sapeva** suonare il piano a sette anni
>
> *When I was in Paris I could go to different theatres*
> Quando ero a Parigi **potevo** frequentare diversi teatri
>
> *If I could help you I should do it*
> Se ti **potessi** aiutare lo farei
>
> *You could get a better job if you spoke a foreign language*
> **Potresti** ottenere un miglior lavoro se tu parlassi una lingua straniera

! Quando la capacità si riferisce a una particolare azione compiuta si usa *was/were able to*, *managed to* o *succeeded in* riuscire a:

> *She was able/managed to find a very nice house after a long search*
> **Potè** (riuscì a) trovare una bella casa dopo una lunga ricerca
>
> *Did you succeed in repairing the printer?*
> **Hai potuto** (sei riuscito a) riparare la stampante?

■ offerta, richiesta:

I could do it for you, if you want
Potrei farlo io per te se vuoi

Could you help me?
Potrebbe aiutarmi?

■ permesso in generale:

Could you stay up late when you were on holidays?
Potevi stare alzato fino a tardi quando eri in vacanza?

! Per parlare di un permesso particolare si usa **was/were allowed to**:

I was allowed to leave the office early yesterday
Ho potuto lasciare l'ufficio presto ieri

■ supposizione:

He could be on his way here now
Potrebbe essere in arrivo ora

May/might

FORME

may   indicativo presente
might   indicativo passato, imperfetto, condizionale presente

Le forme mancanti sono rese con **to be allowed/to be permitted**.

USO

May/might si usano:

■ per esprimere possibilità:

*Steve **might** phone soon*
Steve **potrebbe** telefonare presto

■ per indicare supposizione:

*I can't find the keys. They **may** be in the office or I **might** have lost them*
Non riesco a trovare le chiavi. **Potrebbero** essere in ufficio oppure **potrei** averle perse

■ per chiedere un permesso al posto di *can/could* in uno stile formale:

May I come in?
Posso entrare?

▌ Dovere (*must/shall/should/ought to*)

Dovere si traduce con *must*, *shall*, *should*, *ought to*.

FORME

must	presente indicativo (talvolta passato)
shall	presente indicativo (1ª persona singolare e plurale)
should	condizionale presente, congiuntivo imperfetto
ought to	condizionale presente

Nelle forme mancanti si usa *to have to* dovere, *to be forced to* essere costretto a, *to be obliged to* essere obbligato a.

Must esprime:

■ necessità, condivisa da chi parla, di compiere un'azione:

I must tell you the truth
Devo (e voglio) dirti la verità

They must do something to fight crime
Devono fare qualcosa per combattere la criminalità

We must train every day to get better results
Dobbiamo allenarci ogni giorno per ottenere risultati migliori

■ obbligo o ordine imposto direttamente da chi parla o da un'autorità:

You must do as I told you
Devi fare come ti ho detto

Dogs must stay outside
I cani **devono** rimanere fuori

Staff must wear uniforms
Il personale **deve** indossare la divisa

■ proibizione:

Cars mustn't be parked here
Le auto **non devono** essere parcheggiate qui

■ sicura deduzione logica o forte supposizione in frasi affermative:

There must have been a mistake
Ci **deve** essere stato un errore

❗ In frasi negative per una supposizione/deduzione si usa *can't*:

There **can't** *be a mistake*
Non ci **può** essere un errore

! *Must* può essere usato nel discorso indiretto con significato passato (vedi pag. 183):

They said they **must** *be back by seven*
Dissero che **dovevano** ritornare per le sette

To have to si usa al posto di *must*:

- al presente, se l'obbligo non viene né imposto né condiviso da chi parla, ma riferito come un dato di fatto o come un'imposizione dall'esterno:

  Soldiers **have to** *wear uniforms* (è una regola)
  I soldati **devono** indossare l'uniforme

  I **have to** *be back by midnight* (me lo hanno imposto ma io non lo condivido)
  Devo rientrare per mezzanotte

- in tutti gli altri tempi:

  We **had to** *pay a parking ticket*
  Abbiamo dovuto pagare una multa per divieto di sosta

  We **will have** *to book in advance*
  Dovremo prenotare in anticipo

- generalmente in frasi interrogative:

  Do I have to go to the post office?
  Devo andare in posta?

  Do they **have to** *move?*
  Devono traslocare?

! Non si confondano le forme negative *mustn't* e *don't have to* che traducono entrambe **non dovere**, ma con significati diversi:

mustn't esprime **divieto**

You **mustn't** *eat so many sweets*
Non devi mangiare così tanti dolci

She **mustn't** *talk to me like that*
Non mi **deve** parlare in quel modo

don't have to esprime **assenza di obbligo**

You **don't have to** *buy a new radio, I can lend you mine*
Non devi comprare una nuova radio, ti posso prestare la mia

We ***don't have to*** change trains
Non dobbiamo cambiare treno

Shall si usa di norma per le prime persone:

- per offrire disponibilità nella forma interrogativa:

  Shall I answer the phone?
  Devo rispondere al telefono?

- per chiedere chiarimenti sul da farsi:

  Shall I stay here or go back home?
  Devo rimanere qui o ritornare a casa?

Should e ***ought to*** esprimono:

- dovere morale:

  People ***should/ought to*** drive more carefully
  La gente **dovrebbe** guidare più prudentemente

- supposizione o deduzione logica:

  Alfred ***should/ought to*** get here soon – he left home at six
  Alfred **dovrebbe** arrivare presto – è uscito di casa alle sei

- suggerimento o consiglio:

  She suggested we ***should/ought to*** go on a diet
  Ci suggerì di fare una dieta

  You ***should have*** booked earlier
  Avresti dovuto prenotare prima

Should inoltre:

- indica ipotesi di eventualità nel periodo ipotetico:

  If you ***should*** see Steve, tell him I've got the tickets
  Se **dovessi** vedere Steve, digli che ho i biglietti

- si usa dopo *in case* nel caso che, *lest* per timore che:

  Take my umbrella in case it ***should*** rain
  Prendi il mio ombrello nel caso **debba** piovere

Altri modi per tradurre dovere

To be to è usato:

- al **presente** per esprimere:

- ordini o ingiunzioni

  *You **are to** obey orders*
  Devi ubbidire agli ordini

- istruzioni

  *This medicine **is to** be taken after meals*
  Questa medicina **deve** essere presa dopo i pasti

- avvertenze o suggerimenti

  *Friends **are to** be loved, not used*
  Gli amici **devono** essere amati, non usati

- azioni future prestabilite

  *I'm **to** leave tomorrow at 7 o'clock*
  Devo partire domani alle sette

- al **passato** per esprimere:

- ipotesi di eventualità nel periodo ipotetico

  *If I **were to** win on the pools, I would start a new life*
  Se **dovessi** vincere al totocalcio, inizierei una nuova vita

- azioni prestabilite nel passato

  *They **were to** leave the following day*
  Dovevano partire il giorno seguente

To be due è usato per indicare previsioni legate a un orario, soprattutto in riferimento ai mezzi di trasporto:

  *The plane is **due** at two-thirty*
  L'aereo **deve arrivare** alle due e trenta

To owe indica dovere nel senso di essere debitore:

  *How much do I **owe** you?*
  Quanto ti **devo**?

Had better + infinito senza *to* è usato per dare suggerimenti o consigli:

  *You'd **better stay** home tonight*
  Dovresti (faresti bene a) rimanere a casa questa sera

▌ Volere (*will*/*would*)

Volere si traduce con ***will***, ***would***.

FORME

will	presente indicativo
would	condizionale presente

Nelle forme mancanti si ricorre a ***to want***, ***to like***, ***to wish***.

Will esprime:

- ferma volontà:

  *I really **will** stop smoking*
  Voglio veramente smettere di fumare

  *"Give me a kiss" "No, I **won't**"*
  "Dammi un bacio" "No, **non voglio**"

- offerta, quando è seguito da *to have*:

  ***Will** you **have** some more potatoes?*
  Vuoi ancora patate?

- richiesta o invito a fare qualcosa:

  ***Will** you be quiet?*
  Volete fare silenzio?

Would esprime invito o richiesta cortese:

  ***Would** you please be quiet?*
  Per favore, **volete** fare silenzio?

Volere si rende anche con verbi **non modali** quali:

to want nel senso di desiderare, aver bisogno di. Può essere seguito da:

- un nome:

  *They **want** a better-paid job*
  Vogliono un lavoro pagato meglio

- un infinito:

  *They **wanted** to see you*
  Volevano vederti

- nome/pronome complemento + infinito (corrisponde all'italiano volere che + soggetto + congiuntivo):

  *I **didn't want** him to know my address*
  Non volevo che lui sapesse il mio indirizzo

to like per esprimere desiderio o preferenza; in questo caso è più comunemente usata la forma condizionale *would like*. Può essere seguito da:

■ un nome:

   Would you like some orange juice?
   Vorresti del succo d'arancia?

■ un infinito:

   What would you like to do?
   Cosa **vorresti** fare?

■ nome/pronome complemento + infinito (corrisponde a volere che + soggetto + congiuntivo):

   I'd like you to iron my skirt
   Vorrei che tu stirassi la mia gonna

to wish desiderare, nel linguaggio formale. Si usa seguito da:

■ un infinito:

   I wish to see the director
   Desidero vedere il direttore

■ nome/pronome complemento + infinito:

   The President wishes the meeting to be held by the end of the week
   Il Presidente **desidera che la riunione si tenga** entro la fine della settimana

■ soggetto + passato, per un'azione presente:

   I wish I spoke German
   Vorrei parlare tedesco
   I wish you were here
   Vorrei che tu **fossi** qui

■ soggetto + trapassato, per un'azione passata:

   I wish I hadn't left him
   Vorrei non averlo **lasciato**
   I wish you hadn't said that
   Vorrei che tu **non** l'**avessi detto**

■ soggetto + *would* + infinito senza *to*, per un'azione futura:

   We wish it would stop raining
   Vorremmo che smettesse di piovere

! *If only* può sostituire *I wish* rendendo il desiderio o il rincrescimento più forte:

If only I were rich!
Vorrei essere ricco!

If only he had waited!
Vorrei che avesse aspettato!

If only he would come to my party!
Vorrei che venisse alla mia festa!

! **Volerci**, nel senso di impiegare tempo, si traduce con una costruzione impersonale del verbo *to take*:

Ci vollero due ore per andare a casa ieri sera
It took me two hours to get home last night

Verbi semimodali

I verbi *to need* e *to dare* si dicono semimodali (*semi-modals*) in quanto possono essere usati sia come **verbi ordinari** (vedi pag. 93) sia come **verbi modali** (vedi pag. 140).

To need avere bisogno di, occorrere:

- si usa come **verbo ordinario**:
- seguito da un nome o pronome

  I need time to think about it
  Ho bisogno di tempo per pensarci

  I don't need anything else
  Non mi occorre altro

- seguito da un infinito in frase affermativa

  Everybody needs to rest
  Tutti **hanno bisogno** di riposare

- in frase negativa col verbo al passato per esprimere l'assenza di necessità di un'azione che non è avvenuta

  He didn't need to pay
  Non ci fu bisogno che pagasse

- seguito da un gerundio con funzione passiva:

  That sofa needs cleaning again
  Quel divano **ha bisogno di essere pulito** di nuovo

- può essere usato come **verbo ordinario** o come **modale** in frase negativa quando significa non esserci bisogno, non occorrere che, non dovere:

- *needn't* + infinito presente indica che l'azione non è ancora stata compiuta

  *You **don't need to go**/You **needn't go***
  Non c'è bisogno che tu **vada**

- *needn't* + infinito passato indica che l'azione è stata compiuta

  *They **don't need to have come**/They **needn't have come**, they could have phoned*
  Non occorreva che venissero, avrebbero potuto telefonare

! Nel tradurre l'italiano **non devi** non si confondano *needn't* e *mustn't*:

  *You **needn't tell** Ralph – he already knows*
  Non devi (non occorre) **dirlo** a Ralph – lo sa già
  *You **mustn't tell** Susan – I don't want her to know*
  Non devi (è proibito) **dirlo** a Susan – non voglio che lo sappia

To dare osare:

- si usa come **verbo ordinario** in frasi affermative:

  *He **dares** to drive in the fog*
  Osa guidare con la nebbia

- può essere usato come **verbo ordinario** o **modale** in frasi interrogative e negative:

  *How **do** you **dare to talk**/How **dare** you **talk** to me like that?*
  Come **osi parlar**mi così?
  *I **didn't dare to ask**/I **daren't ask** her to do it*
  Non oso chiederle di farlo

! Sono possibili anche forme miste con l'ausiliare *do* e l'infinito senza *to*:

  *He **didn't dare open** his eyes*
  Non osava aprire gli occhi

! *I dare say* (o *daresay*) significa suppongo, penserei:

  *I **dare say** you're ready for lunch*
  Suppongo che tu sia pronto per pranzare

Traduzione di fare

Fare si rende, a seconda del significato specifico, con *to do* o *to make*.

To do

- Significa fare nel senso di:

- compiere un'azione; è accompagnato eventualmente da parole come *thing*, *something*, *nothing*, *everything*, *what*

    ***Do** something*
    Fai qualcosa
    *She **does** everything but her work*
    Fa di tutto tranne il suo lavoro

- svolgere un lavoro o un'attività

    *What do you **do**?*
    Che **lavoro fai**?
    *Who **did** the job?*
    Chi **ha fatto** il lavoro?
    *She's **doing** her homework*
    Lei **sta facendo** i compiti

! Si usa in numerose espressioni e modi di dire quali:

to do a favour	fare un favore
to do business	fare affari
to do damage	fare danni
to do good	fare bene
to do harm	fare male
to do honour	fare onore
to do one's best	fare del proprio meglio
to do one's duty	fare il proprio dovere
to do the dishes	fare i piatti
to do wonders	fare meraviglie

To make

- Significa fare materialmente, creare, costruire:

    *I've just **made** a cake*
    Ho appena **fatto** una torta

*This camera **is made** in Japan*
Questa macchina fotografica **è fatta** in Giappone

! Si usa in numerose espressioni e modi di dire quali:

to make a bet	fare una scommessa
to make a decision	prendere una decisione
to make a fool of oneself	rendersi ridicolo
to make a fresh start	ricominciare daccapo
to make a journey	fare un viaggio
to make a mistake	fare un errore
to make a phone call	fare una telefonata
to make a proposal	fare una proposta
to make an effort	fare uno sforzo
to make an excuse	addurre una scusa
to make arrangements	prendere accordi
to make friends	fare amicizia
to make love	fare l'amore
to make money	fare soldi
to make noise	fare rumore
to make peace	fare la pace
to make progress	fare progressi
to make the bed	fare il letto
to make war	fare guerra

Fare + infinito si rende con:

■ ***to make*** + complemento + infinito senza *to* nel senso di causare, costringere:

*Nothing **will make me change** my mind*
Nulla **mi farà cambiare** idea

! Nella costruzione passiva l'infinito mantiene il *to*:

*We **were made to wait***
Ci **hanno fatto attendere**

■ ***to make*** + complemento + aggettivo nel senso di rendere, far diventare:

*This book **made him rich***
Questo libro **lo ha fatto diventare ricco**

- **to let** + complemento + infinito senza *to* nel senso di lasciare, permettere:

  Let me use *your car*
  Fammi usare la tua auto

- **to get** + complemento + infinito con *to* nel senso di persuadere o di chiedere di fare, chiamare, far venire:

  My job is **to get people to buy** *anti-theft devices*
  Il mio lavoro è **far comprare alla gente** sistemi antifurto

  I'll get Tom to buy *the milk*
  Farò comprare il latte **a Tom**

  I'll get someone to baby-sit *the children*
  Farò venire qualcuno a fare da baby-sitter ai bambini

- **to get** (informale)/**have** + complemento + participio passato se il complemento oggetto subisce l'azione:

  I need **to get/have** *my shoes repaired*
  Ho bisogno di **farmi riparare le scarpe**

! Farsi + infinito si rende con ***make oneself*** + participio passato:

  I ***made myself understood*** *even if my English was not very good*
  Mi feci capire anche se il mio inglese non era molto buono

Usi del verbo to get

To get assume significati diversi a seconda della parola che lo accompagna:

- **to get** + complemento oggetto significa ricevere, ottenere, procurare, acquisire:

  She **got** *a letter from Canada*
  Ha ricevuto una lettera dal Canada

  I didn't **get** *the expected results*
  Non ho ottenuto i risultati previsti

  Where **did you get** *that funny watch?*
  Dove **hai preso** quel buffo orologio?

! Può assumere comunque altri significati come in questi esempi:

  I didn't get the joke
  Non ho capito lo scherzo

  The little girl **got** *measles*
  La ragazzina **prese il morbillo**

- *to get* + aggettivo significa diventare:

    *My parents **are getting old***
    I miei genitori **stanno diventando vecchi**

    *Life **is getting** more and more **expensive***
    La vita **diventa** sempre più **cara**

! In questo modo vengono resi molti verbi riflessivi italiani fra i quali:

to get angry arrabbiarsi	*to get bored* annoiarsi
to get cold raffreddarsi	*to get drunk* ubriacarsi
to get engaged fidanzarsi	*to get excited* eccitarsi
to get ill ammalarsi	*to get lost* perdersi
to get married sposarsi	*to get nervous* innervosirsi
to get ready prepararsi	*to get rich* arricchirsi
to get scared spaventarsi	*to get tanned* abbronzarsi
to get tired stancarsi	*to get used* abituarsi
to get wet bagnarsi	*to get worried* preoccuparsi

- *to get* + preposizione/avverbio + eventuale complemento di luogo indica moto:

    *When they **got to the house** she **had** already **got out***
    Quando **arrivarono alla casa** lei **era** già **uscita**

! Fra i verbi di moto più comuni vi sono i seguenti:

    to get to arrivare
    to get in entrare
    to get out uscire
    to get on salire (su mezzi di trasporto)
    to get off scendere (da mezzi di trasporto)
    to get up alzarsi
    to get back ritornare
    to get away scappare

- *to get* + infinito con *to* significa riuscire a:

    *We **didn't get to see** her – she was too busy*
    Non riuscimmo a vederla – era troppo occupata

- *to get* + complemento oggetto + participio passato significa fare in modo che qualcosa sia fatto:

    *Can you **get this article finished** by tomorrow?*
    Puoi **fare in modo che questo articolo** sia finito per domani?

- *to get* + complemento oggetto + infinito con *to* significa persuadere, indurre:

  Get Jack to help *us if you can*
  Convinci Jack ad aiutarci se puoi

- *to get* + forma in *-ing* significa cominciare, avviarsi:

  We'd better **get moving** *– it's late*
  Faremmo meglio **ad avviarci** – è tardi

! *To get* + participio passato è usato (al posto di *to be*) per formare il passivo nel linguaggio informale:

  The poor man **got killed** (*was killed*) *in an accident*
  Il poveretto **fu ucciso** in un incidente

! Il participio *got* accompagna *to have* nel linguaggio informale come rafforzativo quando *to have* significa possedere o dovere (vedi pag. 92):

  She's **got** *some good friends*
  Lei **ha** alcuni buoni amici

Verbi fraseologici

Sono verbi che assumono un significato particolare in base all'avverbio o alla preposizione che li accompagna.

Si distinguono in:

- *phrasal verbs* costituiti da verbo + avverbio:

  The boy **ran away**
  Il ragazzo **corse via**

  Tra questi verbi, i più comuni sono:

to be over	essere finito
to break down	rompersi
to break in	entrare con la forza
to bring up	allevare, educare
to carry on	continuare
to carry out	eseguire, effettuare
to come round	riprendere i sensi
to find out	scoprire

to get on	procedere
to give in	cedere, arrendersi
to give out	distribuire
to give up	arrendersi, rinunciare
to go off	scoppiare
to hold on	restare in linea (al telefono)
to pick up	raccogliere; passare a prendere (in macchina)
to point out	evidenziare, precisare
to run out	esaurirsi
to settle down	mettere su famiglia; assestarsi
to show off	mettersi in mostra, vantarsi
to take off	decollare
to try on	provare (un capo di vestiario)
to turn out	risultare
to wear out	logorarsi, consumarsi

! Con i verbi transitivi, se l'oggetto è un nome può precedere o seguire l'avverbio, se è un pronome lo precede necessariamente. Confronta:

*They **took the prisoner away***
*They **took away the prisoner***
Hanno portato via il prigioniero

*They **took him away***
Lo hanno portato via

■ ***prepositional verbs*** costituiti da verbo + preposizione; il complemento segue sempre la preposizione:

*Could you **look after the children** today?*
Potresti **prenderti cura dei bambini** oggi?

Tra questi verbi, i più comuni sono:

to break into	irrompere in
to come across	scoprire casualmente
to get over	superare un ostacolo; riprendersi da
to look into	indagare su
to make for	dirigersi verso
to run into	imbattersi per caso in
to run over	investire

to take after	assomigliare a
to turn into	trasformarsi in

■ ***phrasal-prepositional verbs*** costituiti da verbo + avverbio + preposizione; il complemento segue sempre la preposizione:

*I copied in the exam and **got away with it***
Ho copiato durante l'esame e **l'ho fatta franca**

Tra questi verbi, i più comuni sono:

to catch up with	porsi alla pari di
to do away with	abolire; liberarsi di
to fall back on	ripiegare su, ricorrere a
to get on with	andare d'accordo con
to keep up with	stare al passo con
to look forward to	non vedere l'ora di
to put up with	tollerare
to run out of	esaurire, rimanere senza
to stand up for	difendere, sostenere

L'avverbio

È quella parte invariabile del discorso che serve a determinare un verbo, un aggettivo o un altro avverbio circa il **modo**, il **tempo**, il **luogo**, la **quantità** ecc.

FORMAZIONE

Gli avverbi si formano generalmente aggiungendo **-ly** all'aggettivo:

quick → *quickly* velocemente, *frequent* → *frequently* frequentemente

SPELLING

- la *y* finale si trasforma in *i*:

  happy → *happily* felicemente

- gli aggettivi in consonante + *le* perdono la *e* e aggiungono solo **-y**:

  simple → *simply* semplicemente

- perdono la *e* finale davanti a **-ly** gli avverbi:

  true → *truly* veramente, *due* → *duly* debitamente, *whole* → *wholly* interamente

PARTICOLARITÀ

- Non aggiungono suffisso ma conservano la stessa forma dell'aggettivo gli avverbi:

- *daily, weekly, monthly, yearly, early*

  *It's a **daily** (aggettivo) paper*
  È un giornale **quotidiano**

  *It comes out **daily** (avverbio)*
  Esce **tutti i giorni**

- *fast, hard, late, low, straight, wide*

  *It's a **hard** (aggettivo) work*
  È un lavoro **duro**

*We worked **hard** (avverbio) on the project*
Abbiamo lavorato **sodo** al progetto

- Terminano in **-ly** ma non possono essere usati come avverbi alcuni aggettivi fra i quali:

  cowardly vile, *deadly* mortale, *friendly* amichevole, *likely* probabile, *lonely* solitario, *silly* sciocco, *ugly* brutto

- Hanno significato diverso rispetto all'aggettivo da cui derivano gli avverbi:

  hardly appena/a stento, *lately* ultimamente/recentemente, *widely* molto

  *What have you been doing **lately**?*
  Che cosa hai fatto **recentemente**?

POSIZIONE/ORDINE

Le norme che regolano la posizione e l'ordine degli avverbi sono varie e flessibili. Si danno qui di seguito le principali.

L'avverbio si pone:

- prima di un aggettivo:

  *This is a **really** interesting story*
  Questa è una storia **davvero** interessante

  *You're **so** kind!*
  Sei **così** gentile!

- dopo il complemento oggetto:

  *They speak German **well***
  Parlano **bene** tedesco

- tra l'ausiliare e il participio passato nei tempi composti:

  *I've **just** seen an accident*
  Ho **appena** visto un incidente

- generalmente dopo il verbo; è posto prima del verbo per dargli maggior enfasi:

  *Her husband **completely** forgot her birthday*
  Suo marito si è **completamente** dimenticato del suo compleanno

- dopo il verbo se indica luogo:

  *The children are playing **upstairs***
  I bambini giocano **al piano superiore**

- prima di un verbo ordinario ma dopo *to be* se indica tempo continuato o frequenza:

  *My husband **often** travels to America*
  Mio marito si reca **spesso** in America

  *He is **usually** bad-tempered*
  Di solito è di malumore

  *I've **never** had the chance to go abroad*
  Non ho **mai** avuto l'occasione di andare all'estero

- in fondo alla frase se indica frequenza definita:

  *We go on holiday **annually***
  Andiamo in vacanza **ogni anno**

- all'inizio o al termine della frase se indica tempo determinato:

  ***Yesterday** I phoned Alfred*
  Ieri ho telefonato ad Alfred

  *I phoned Alfred **yesterday***

Più forme avverbiali in una stessa frase si possono mettere alla fine secondo l'ordine **modo + luogo + tempo**:

  *She sang **beautifully at the party last night***
  Ha cantato **magnificamente alla festa ieri sera**

I gradi doll'avverbio

Gli avverbi, come gli aggettivi qualificativi, possono avere la **forma comparativa** e **superlativa**.

- Gli avverbi monosillabici e l'avverbio *early* **presto** formano il **comparativo** aggiungendo -*er* e il **superlativo** aggiungendo -*est*:

  *Our train arrived **earlier** than we expected*
  Il nostro treno è arrivato **prima** di quanto ci aspettassimo

  *She runs the **fastest** of all*
  Corre **più velocemente** di tutti

- Gli avverbi di più sillabe formano il **comparativo** con *more* e il **superlativo** con (*the*) *most*:

  *He was **more seriously** hurt than we thought*
  Era ferito **più seriamente** di quanto pensavamo

*The patient was **most carefully** handled*
Il paziente fu trattato **con la massima cura**

■ Formano il **comparativo** e il **superlativo** in modo **irregolare**
gli avverbi:

		comparativo	superlativo
well	bene	*better*	*best*
badly	male	*worse*	*worst*
much	molto	*more*	*most*
little	poco	*less*	*least*
far	lontano	*farther/further*	*farthest/furthest*

! *Farther/farthest* si usano solo in riferimento a distanza; *further/
furthest* possono invece essere usati anche in senso traslato:

*We drove **farther/further** and found a small park*
Proseguimmo e **trovammo** un piccolo parco

*She told us what happened **further***
Lei ci raccontò che cosa successe **in seguito**

La preposizione

È quella parte invariabile del discorso che introduce un elemento che completa il significato di un verbo, di un nome o di un'intera proposizione.
Le preposizioni possono introdurre complementi di **luogo, mezzo, quantità** e **tempo**.

POSIZIONE

La preposizione di norma **precede** l'elemento che regge:

*I am interested **in** classical theatre*
Sono interessato **al** teatro classico

*This present is **for** you*
Questo regalo è **per** te

Viene posta **in fine di frase**:

- nelle interrogative:

  *Who's the present **for**?*
  Per chi è il regalo?

- nella forma passiva:

  *I hate **being laughed at***
  Odio **essere deriso**

- nelle infinitive:

  *I've got a lot of tapes **to listen to***
  Ho molte cassette **da ascoltare**

- nelle relative:

  *Here are the pictures (**that**) you were **looking for***
  Ecco le foto **che stavi cercando**

! Se la relativa è introdotta da un pronome diverso da *that*, la preposizione può precederlo o essere posta in fondo alla frase

*Do you remember the girl **with whom** I was going out?*
*Do you remember the girl (**whom**) I was going out **with**?*
Ricordi la ragazza con la quale uscivo?

Preposizioni di luogo

Introducono un complemento di luogo. Si usa:

■ **to** *a* per il moto a luogo:

*After lunch they went **to** the station*
Dopo pranzo andarono **alla** stazione

! Non si mette *to* davanti a *home*:

*I'm going **home***
Sto andando **a casa**

■ **into** *in* per il moto di entrata in un luogo chiuso o circoscritto:

*She came **into** my room while I was sleeping*
Entrò **nella** mia stanza mentre stavo dormendo

■ **at** *a* per lo stato in luogo quando si fa riferimento alla funzione del luogo o lo si considera come punto di riferimento:

*There's a good film **at** the cinema in Oxford Street*
C'è un buon film **al** cinema in Oxford Street

*Let's meet **at** the club*
Incontriamoci **al** club

■ **in** *in* per lo stato all'interno di un luogo:

*I don't think he's still **in** his office*
Non penso che sia ancora **nel** suo ufficio

■ **on** *su* per lo stato in luogo con contatto su una superficie o per indicare **in riva a**:

*Look! A spider **on** the ceiling*
Guarda! Un ragno **sul** soffitto

*Stratford is **on** the river Avon*
Stratford è **sul** fiume Avon

■ **from** *da* per il moto da luogo:

*"Where do you come **from**?" "**From** Italy"*
"**Da** dove vieni?" "**Dall**'Italia"

Altre preposizioni di luogo sono:

above	al di sopra
across	attraverso (una superficie)
along	lungo

around	intorno
before	davanti a
behind	dietro a
below	al di sotto
beside	accanto a
between	tra
beyond	oltre
by	accanto a
close to	vicino a
down	giù (per)
far from	lontano da
in front of	davanti a
inside	dentro, in, all'interno di
near	vicino a
next to	accanto a
off	via da, giù da
onto	su (moto)
opposite	di fronte a (dal lato opposto)
out of	fuori di/da
outside	fuori di
over	sopra (senza contatto), al di là di
past	davanti a (moto)
round	intorno
through	attraverso (uno spazio)
towards	verso
under	sotto
up	su (per)

Preposizioni di mezzo

Introducono un complemento di mezzo o strumento. Si usa:

- *by* con, per, in con i mezzi di trasporto in genere e di comunicazione:

  by car/bus/bicycle/plane/train/tube/boat
  con l'auto/l'autobus/la bicicletta/l'aereo/il treno/la metropolitana/la barca

by fax/radio/phone/mail
per fax/radio/telefono/posta

! Se il mezzo di trasporto è definito da un aggettivo possessivo o dal nome del possessore si usa:

in **con** se si tratta di automobili e piccole imbarcazioni

*Did you go **in your car**?*
Sei andato **con la tua auto**?

on **con** per gli altri mezzi di trasporto

*I went **on my moped***
Sono andato **con il mio motorino**

! **A piedi** si dice *on foot*.

■ *with* **con** per gli altri complementi di mezzo:

*She killed the spider **with** a shoe*
Ha ucciso il ragno **con** una scarpa

■ *without* per indicare **senza**:

*You can't open the door **without** a key*
Non puoi aprire la porta **senza** chiave

Preposizioni di quantità

Indicano misura, limite o quantità. Sono:

as much as	fino a
less than	meno di
more than	più di
over	più di
per	a, per
up to	fino a

*It took me **more than** an hour to get to the airport*
Ci ho messo **più di** un'ora per arrivare in aeroporto

*A single costs 30 pounds **per** night*
Una singola costa 30 sterline **a** notte

*I used to earn **up to** one hundred pounds a day*
Guadagnavo **fino a** cento sterline al giorno

Preposizioni di tempo

Introducono un complemento di tempo. Si usa:

- **at** a per indicare l'ora, il momento dei pasti, le festività e il fine settimana:

  at six o'clock, **at** *lunch time,* **at** *Easter,* **at** *the weekend*
  alle sei, **all'**ora di pranzo, **a** Pasqua, **al** fine settimana

! Si omette *at* nell'espressione **a che ora**:

  What time *do you get up?*
  A che ora ti alzi?

- **in** in per gli anni, le stagioni, i mesi e i periodi della giornata, ad eccezione di *at night* di notte:

  in 1996, **in** *summer,* **in** *September,* **in** *the afternoon*
  nel 1996, **d'**estate, **in** settembre, **nel** pomeriggio

! *In* riferito al futuro traduce l'italiano **fra/tra**:

  I'll be here **in** *twenty minutes*
  Sarò lì **fra** venti minuti

! **In questi giorni** si rende con **at the moment**, **at present**, **just now**.

- **on** per le date o i giorni della settimana o per un giorno o un'occasione particolari:

  on *November 14th,* **on** *Tuesday,* **on** *Christmas Day,* **on** *my birthday*
  il 14 novembre, martedì, il giorno di Natale, il giorno del mio compleanno

! *On time* significa **in orario**; **in tempo** si dice *in time*.

- **by** nel senso di **per**, **entro il giorno della scadenza**:

  This article will be ready **by** *tomorrow*
  Questo articolo sarà pronto **per** domani

- **within** nel senso di **entro il periodo della scadenza**:

  It'll be ready **within** *a month*
  Sarà pronto **entro** un mese

- **for** per, **da** per parlare della **durata** di un'azione o di uno stato:

  I've been walking **for** *half an hour*
  Cammino **da** mezz'ora

*I lived in Brighton **for** two years when I was in Great Britain*
Ho abitato a Brighton due anni quando ero in Gran Bretagna

- ***since*** **da** nella forma di durata (vedi pag. 117) per indicare il **punto d'inizio** di un'azione che perdura, o perdurava, nel momento cui ci si riferisce:

   *I've been walking **since** nine o'clock*
   Cammino **dalle** nove

- ***from ... to/till*** **da ... a** per indicare l'inizio e il termine di un'azione passata o futura:

   *I'll be on holiday **from** July **to/till** September*
   Sarò in vacanza **da** luglio **a** settembre

Altre preposizioni di tempo sono:

about	circa
after	dopo
around	verso, circa
before	prima di
between ... and	tra ... e
during	durante
over	più di
throughout	per tutto
towards	verso

Espressioni con preposizioni diverse dall'italiano

- Aggettivo + preposizione:

*angry **about***	arrabbiato **per**
*annoyed **about***	seccato **per**
*bored **with***	stufo **di**
*composed **of***	composto **da/di**
*dressed **in***	vestito **di**
*engaged **to***	fidanzato **con**
*good/bad **at***	bravo/non bravo **in**
*happy **about***	contento **di**
*hopeless **at***	negato **per**
*ill **with***	malato **di**

*interested **in***	interessato **a**
*keen **on***	appassionato **di**
*kind **to***	gentile **con**
*married **to***	sposato **con**
*polite **to***	educato **con**
*rude **to***	maleducato **con**
*satisfied **with***	soddisfatto **di**
*sorry **about***	dispiaciuto **per**
*worried **about***	preoccupato **per**

- Nome + preposizione:

*congratulations **on***	congratulazioni/complimenti **per**
*interest **in***	interesse **per**
*need **for***	bisogno **di**

- Preposizione + nome:

at war	**in** guerra
by accident	**per** sbaglio
by chance	**per** caso
by cheque	**tramite** assegno
by credit card	**con** la carta di credito
by mistake	**per** sbaglio
in my opinion	**secondo** la mia opinione
in the newspaper	**sul** giornale
in pen/pencil	**a** penna/matita
in the rain	**sotto** la pioggia
in the sun	**al** sole
in a loud/quiet voice	**ad** alta/bassa voce
on arrival	**all'**arrivo
on holiday	**in** vacanza
on the phone	**al** telefono
on the radio	**alla** radio
on television	**in** televisione

- Verbo + preposizione:

*to deal **with***	occuparsi **di**
*to depend **on***	dipendere **da**
*to feel **like***	avere voglia **di**

to laugh at	ridere **di**
to rely on	fidarsi **di**
to succeed in	riuscire **a**
to suffer from	soffrire **di**
to wonder at	meravigliarsi **di**
to worry about	preoccuparsi **di/per**

La congiunzione

È quella parte invariabile del discorso che unisce due o più termini all'interno di una proposizione, o due o più proposizioni all'interno di un periodo.

In base alla funzione sintattica che svolgono, le congiunzioni si distinguono in:

- **coordinanti**, se uniscono tra loro due o più elementi di una proposizione che hanno la stessa funzione, oppure due o più proposizioni che hanno lo stesso valore all'interno del periodo:

  *He was poor **but** honest*
  Era povero **ma** onesto

  *I heard a strange noise **while** I was lying on my bed*
  Udii uno strano rumore **mentre** ero sdraiato sul letto

- **subordinanti**, se all'interno dello stesso periodo collegano tra loro due proposizioni di cui quella introdotta dalla congiunzione, detta subordinata o secondaria, dipende per logica dall'altra, detta reggente o principale:

  *They went to bed early **because** they were tired*
  Sono andati a letto presto **perché** erano stanchi

Congiunzioni coordinanti

Le più comuni sono:

and	e
as a consequence	di conseguenza
as well as	nonché
besides	inoltre
both ... and ...	sia ... sia ...
but	ma
consequently	di conseguenza
either ... or ...	o ... o ...
for example	per esempio

however	però, tuttavia
if ... then ...	se ... allora ...
in fact	infatti
neither ... nor ...	né ... né
nevertheless	ciò nonostante
not only ... but also ...	non solo ... ma anche ...
on the contrary	anzi
or	o, oppure
otherwise	altrimenti
so	allora
so ... that ...	tanto/così ... che
still	ciononostante
that is	cioè
therefore	perciò
though	benché, sebbene
whether ... or ...	se ... oppure ...
while	mentre, invece
yet	eppure

*He said goodbye **and** went out*
Salutò **e** uscì

***Besides** teaching, she writes for a magazine*
Oltre a insegnare, collabora a una rivista

*He didn't like the flat, **however** he rented it*
Non gli piaceva l'appartamento, **tuttavia** lo affittò

*I can **neither** swim **nor** ski*
Non so **né** nuotare **né** sciare

*There was a transport strike, **so** we took a taxi*
C'era lo sciopero dei mezzi, **così** abbiamo preso un taxi

Congiunzioni subordinanti

Causali

Introducono una subordinata in cui viene spiegata la causa di quanto affermato nella principale. Le più comuni sono:

as	siccome
because	perché

considering (that)	considerato che
seeing (that)	visto che
since	siccome, poiché

As/since/seeing that she had not paid her bill, her electricity was cut off
Siccome non aveva pagato la bolletta, le hanno sospeso la fornitura della corrente elettrica

Concessive

Introducono una subordinata in cui è contenuta una circostanza contrastante ma non sufficiente a impedire che si verifichi quanto espresso nella principale. Le più usate sono:

although	sebbene
assuming (that)	ammesso che
even if	anche se
even though	anche se, sebbene
in spite of (the fact that)	nonostante
though	sebbene
whereas	mentre
while	mentre

Even if/even though I didn't understand a word, I kept smiling
Anche se non capivo una parola, continuavo a sorridere

Condizionali

La subordinata introdotta espone la condizione necessaria perché si verifichi quanto espresso nella principale. Le congiunzioni più comuni sono:

as long as	purché
if	se
in case	nel caso
on condition (that)	a condizione che
provided/providing (that)	purché
unless	a meno che non

I'll move to London **if** I can't find a job here
Mi trasferirò a Londra **se** non riuscirò a trovare un lavoro qui

! *Unless* non è mai seguito da una frase negativa:

*I'll be back tomorrow **unless** there's a plane strike*
Ritornerò domani **a meno che** non ci sia uno sciopero degli aerei

Consecutive

La subordinata indica la conseguenza di quanto espresso nella principale. Le congiunzioni più comuni sono:

in such a way that	in modo che
so that	cosicché, sicché
so ... that ...	così ... che ...
to such an extent that	talmente che
to the point where	a tal punto che

*They're staying here for nine months **so that** they can perfect their English*
Restano qui per nove mesi **cosicché** possono perfezionare il loro inglese

Dichiarative

Introducono una subordinata in cui è dichiarato qualcosa. Sono:

how	come
that	che

*They told us **how/that** they had done it*
Ci dissero **come/che** l'avevano fatto

Finali

Introducono una subordinata in cui è indicato il fine, lo scopo per cui il fatto espresso nella principale si verifica. Le più usate sono:

in order that	affinché, cosicché
in order to	per, al fine di
so as to	per
so that	affinché, perché

*They held the meeting on a Saturday **in order that** everybody could attend*
Organizzarono l'incontro di sabato **affinché** tutti potessero parteciparvi

▌Interrogative indirette

La subordinata pone in forma indiretta una domanda o esprime un dubbio, un timore. Le congiunzioni più comuni sono:

if	se
how	come
when	quando
why	perché

*I wonder **if** he is aware of what he is doing*
Mi domando **se** sia consapevole di quello che sta facendo

*Tell me **why** you don't like him*
Dimmi **perché** non ti piace

▌Limitative

La subordinata esprime una limitazione a quanto contenuto nella principale. Le congiunzioni limitative sono:

except (that)	tranne che
unless	a meno che non

*He would have told me before **except that** he knew it would worry me*
Me l'avrebbe detto prima **solo che** sapeva che mi sarei preoccupato

▌Modali

Introducono una subordinata nella quale si indica il modo in cui si verifica quanto espresso nella principale. Le congiunzioni più comuni sono:

almost as if	quasi (come se)
as	come
as if	come se
as though	come se

*I did **as** we had decided*
Ho fatto **come** avevamo deciso

*She behaved **as if** she didn't know what had happened*
Si comportava **come se** non sapesse che cosa era successo

▌Temporali

La subordinata specifica le circostanze di tempo relative all'azione espressa nella principale. Fra le congiunzioni più comuni:

after	dopo che
as	mentre, quando
as long as	finché
as soon as	non appena
before	prima che
every time	ogni volta che
the moment (that)	non appena
once	una volta che
since	da quando
till	finché
until	finché
when	quando
whenever	ogni volta che
while	mentre

! *As long as* e *till/until* traducono entrambe **finché**, ma:

as long as nel senso di **per tutto il tempo che**:

*I'll remember that day **as long as** I live*
Ricorderò quel giorno **finché** vivrò

till/until nel senso di **fino al momento in cui**:

*I waited **until** the rain had stopped*
Attesi **finché** (non) cessò di piovere

▌Tre congiunzioni italiane: che, come, perché

A seconda del tipo di subordinata che introducono, le congiunzioni italiane **che**, **come**, **perché** vengono tradotte in inglese in modi diversi come nei seguenti esempi:

- **che**:

So **che** hai fame (dichiarativa)
*I know **that** you're hungry*

Bevi **che** hai sete (causale)
***Since** you're thirsty, drink*

Nessuno ha telefonato **che** io sappia (limitativa)
*Nobody has phoned **as far as** I know*

- **come**:

Voglio sapere **come** hai risolto il problema (modale)
*I want to know **how** you solved the problem*

Curioso **com**'è, non c'è da stupirsi (causale)
*Curious **as** he is, ti's not surprising*

Come lo vide, scoppiò a piangere (temporale)
***As soon as** she saw him, she burst into tears*

- **perché**

Non posso venire **perché** sono troppo impegnato (causale)
*I can't come **because** I am too busy*

È troppo caro **perché** lo possiamo comprare (consecutiva)
*It's too expensive **for** us to buy*

Te lo dico **perché** tu faccia attenzione (finale)
*I'm telling you **so that** you pay attention*

Dimmi **perché** vai via (interrogativa indiretta)
*Tell me **why** you are going away*

Question Tags

Le *question tags* (lett. "domande in coda" perché si pongono dopo una frase affermativa o negativa) si usano per chiedere la conferma o l'approvazione di quanto affermato. Corrispondono all'italiano **è vero?/non è vero?**

- Dopo una frase affermativa la *question tag* è negativa, dopo una frase negativa la *question tag* è affermativa:

It's warm,	**isn't** it?	Fa caldo, vero?
It's **not** warm,	**is** it?	Non fa caldo, vero?

- Se il verbo della principale è ordinario, nella *question tag* si useranno gli ausiliari *to do*, nelle sue diverse forme, e *to have* per i tempi composti:

  *You **take** sugar in the coffee, **don't** you?*
  Lo prendi zuccherato il caffè, vero?

  *You **didn't break** the mirror, **did** you?*
  Non hai rotto lo specchio, vero?

  *You **have** just **arrived**, **haven't** you?*
  Sei appena arrivato, vero?

- Se il verbo della principale è *to have*, nella *question tag* si ha l'ausiliare *to do*; se il verbo è *to have got* nella *question tag* si ha *to have*. Confronta:

  *They **have** two children, **don't** they?*
  *They **have got** two children, **haven't** they?*
  Hanno due figli, vero?

- Se il verbo della principale è *to be* o un modale, questi vengono ripetuti nella *question tag*:

  *They **are** Italian, **aren't** they?*
  Sono italiani, vero?

  *You **can** speak English, **can't** you?*
  Tu sai parlare inglese, vero?

- *I am* nella forma negativa diventa ***aren't I***?:

*I'm late, **aren't I**?*
Sono in ritardo, non è vero?

■ Si usa ***they*** come soggetto per riferirsi a *anybody*, *somebody*, *everybody*, *nobody*:

Nobody *phoned, did **they**?*
Non ha telefonato nessuno, vero?

■ Si usa ***it*** come soggetto per riferirsi a *anything*, *something*, *everything*, *nothing*:

***Everthing** is going wrong, **isn't it**?*
Tutto va storto, non è vero?

■ Nel parlato si distinguono due intonazioni diverse a seconda del preciso significato della *question tag*:

■ se la domanda è una vera richiesta perché non si è certi della risposta, si usa la *rising intonation* (con il tono della voce che sale)

*The meeting is at nine o'clock, **isn't it**?*
La riunione è alle nove, **vero**?

■ se la domanda non è una vera richiesta perché siamo certi della risposta, si usa la *falling intonation* (con il tono della voce che cala)

It's a lovely day, isn't it?
È una bella giornata, **non è vero**?

■ Dopo l'**imperativo**, per rafforzare il tono di esortazione si usano forme particolari di *question tags*:

■ dopo l'imperativo **affermativo** si usano *will/would/can/could you?*

*Give me a hand, **will you**?*
Dammi una mano, vuoi?

■ dopo l'imperativo **negativo** si usa *will you?*

*Don't drink too much, **will you**?*
Non bere troppo, non ti pare?

■ dopo l'imperativo con *let's* si usa *shall we?*

*Let's start, **shall we**?*
Iniziamo, d'accordo?

Discorso diretto e indiretto

Ci sono due modi per riferire parole, pensieri e idee proprie o altrui:

■ il **discorso diretto** (*direct speech*) che riporta fedelmente le parole originali pronunciate:

They said: "We don't like this government"
Dissero: "Non ci piace questo governo"

■ il **discorso indiretto** (*reported speech*) che riporta fedelmente il significato delle parole pronunciate, ma ne muta la struttura introducendo congiunzioni e cambiando se necessario pronomi, tempi e altre parole:

*They said (**that**) they **didn't like** that government*
Dissero che a loro non piaceva quel governo

▌Modifiche dei tempi verbali

Nel passaggio dal discorso diretto al discorso indiretto:

■ se il verbo che introduce il discorso indiretto (*reporting verb*) è al presente, futuro o passato prossimo, i tempi dei verbi non cambiano:

*"We **don't like** the government"*
*They **say** that they **don't like** the government*

Dicono che a loro non piace il governo

■ altrimenti i tempi dei verbi cambiano secondo lo schema seguente (nella maggior parte dei casi la trasformazione corrisponde a quella che si ha in italiano):

discorso diretto	**discorso indiretto**
■ indicativo presente	passato semplice
*"You **look** happy"*	*I told her she **looked** happy*
"Sembri felice"	Le dissi che sembrava felice

- presente progressivo

  "I'm learning German"
  "Sto studiando il tedesco"

  passato progressivo

  He said he was learning German
  Lui disse che stava studiando il tedesco

- passato prossimo

  "I've lost the keys"
  "Ho perso le chiavi"

  trapassato

  He said he had lost the keys
  Lui disse che aveva perso le chiavi

- passato progressivo

  "I was reading"
  "Stavo leggendo"

  trapassato progressivo

  She said she had been reading
  Lei disse che stava leggendo

- passato remoto

  "My sister called"
  "Mia sorella ha chiamato"

  trapassato

  He said his sister had called
  Lui disse che sua sorella aveva chiamato

- futuro

  "They will be here in time"

  "Saranno qui in tempo"

  condizionale presente

  He said they would be here in time
  Lui disse che sarebbero stati lì in tempo

- condizionale presente

  "I'd go if I had time"
  "Andrei se avessi tempo"

  condizionale presente

  He said he'd go if he had time
  Lui disse che sarebbe andato se avesse avuto tempo

  condizionale passato

  "If I were your age I should do it"
  "Se avessi la tua età lo farei"

  He said that if he had been my age he would have done it
  Lui disse che se avesse avuto la mia età l'avrebbe fatto

- condizionale passato

  "I should have gone"
  "Sarei andata"

  condizionale passato

  She said she would have gone
  Lei disse che sarebbe andata

- imperativo

  "Be quiet"
  "Fate silenzio"

  infinito con *to*

  He told them to be quiet
  Lui ordinò di fare silenzio

*"**Don't go** away"*	*I told her **not to go** away*
"Non andare via!"	Le dissi di non andare via

OSSERVAZIONI

Si noti che nel discorso indiretto:

- il **futuro** diventa **condizionale presente** e non passato come in italiano;

- il **condizionale** presente diventa **condizionale passato** quando la condizione posta è chiaramente irrealizzabile:

  *"If your father were alive he **would tell** you the same things"*→
  *She said that if his father had been alive he **would have told** him the same things*
  Disse che se suo padre fosse stato in vita le avrebbe detto le stesse cose

! Nel linguaggio informale la congiunzione *that* **che** viene spesso omessa, tranne dopo i verbi *to answer/to reply*:

  *He **said** (**that**) he didn't want to play any more*
  Disse che non voleva più giocare

  *He **replied that** he had already made up his mind*
  Rispose che aveva ormai preso una decisione

▌Verbi modali

- Non subiscono variazioni nel discorso indiretto i verbi *could, might, ought to, should, would*:

discorso diretto	**discorso indiretto**
*"It **might** be too late"*	*She said that it **might** be too late*
"Potrebbe essere troppo tardi"	Lei disse che sarebbe potuto essere troppo tardi
*"You **should** wait"*	*He said that I **should** wait*
"Dovresti aspettare"	Lui disse che avrei dovuto aspettare

- Subiscono cambiamenti i verbi:

discorso diretto	**discorso indiretto**
can	*could*
may	*might*
shall	*should*
will	*would*

"I can wait if necessary"
"Posso aspettare se
necessario"

*He said he **could** wait if necessary*
Disse che poteva aspettare
se necessario

*"I **will** fax you the data"*

"Ti manderò per fax
i dati"

*She said she **would** fax me the
data*
Disse che mi avrebbe mandato
per fax i dati

! *Shall* in funzione di ausiliare del futuro diventa *would*:

*"We **shall** be happy to meet you"*
"Saremo felici d'incontrarti"

*They said they **would** be happy to meet me*
Dissero che sarebbero stati felici d'incontrarmi

■ Nel discorso indiretto *must*:

■ resta invariato quando esprime deduzione o quando è alla forma negativa

*"He **must** be older than your
uncle"*
"Deve essere più vecchio di
tuo zio"

*He said that he **must** be
older than my uncle*
Disse che lui doveva essere
più vecchio di mio zio

*"You **mustn't** open that door"*

"Non devi aprire quella porta"

*She said that I **mustn't**
open that door*
Lei disse che non dovevo
aprire quella porta

■ può essere sostituito da *to have to* quando esprime obbligo

*"You **must** stop it!"*
"Devi smetterla"

*He said that I **must/had to** stop it*
Disse che la dovevo smettere

Altre modifiche

■ Le interrogative indirette hanno la struttura di una dichiarativa
(soggetto + verbo + complementi) non di una interrogativa:

"Where do you live?"
*He asked me where **I lived*** (NON: *where did I live*)
Mi chiese dove abitavo

"What's the matter?"
*I asked what **the matter was***
Chiesi che cosa non andava

■ I verbi che introducono il discorso indiretto ed esprimono promessa, ordine, offerta, richiesta, consiglio e suggerimento possono essere seguiti dall'oggetto + il verbo all'infinito:

*The policeman **advised me not to park** there*
Il vigile **mi consigliò di non parcheggiare** là

! Fanno eccezione *to suggest* e *to say* che reggono *that* + la forma finita del verbo:

*The policeman **suggested that I should park** elsewhere*
Il vigile **mi suggerì di parcheggiare** altrove

*The policeman **said to me that I mustn't park** there*
Il vigile mi disse di non parcheggiare lì

■ Oltre ai verbi e ai pronomi personali, nel discorso indiretto cambiano anche i seguenti avverbi e aggettivi:

discorso diretto	discorso indiretto
yesterday	*the day before*
ieri	il giorno prima
ago	*before*
fa	prima
today	*that day*
oggi	quel giorno
now	*then, at that time*
ora	allora, a quel tempo
tomorrow	*the day after, the next day*
domani	il giorno dopo
next week	*the following week*
la settimana prossima	la settimana dopo
here	*there*
qui	là
this, these	*the; that, those*
questo, questi	il, la, i; quello, quelli

Linguaggio formale e informale

In inglese, come nella maggior parte delle lingue, sono presenti parole e strutture usate prevalentemente in situazioni **formali** (incontri di affari, convegni, conversazioni importanti) e altre usate in situazioni **informali** (conversazioni con amici, lettere familiari). In genere il modo di esprimersi per iscritto è più formale rispetto al parlato.

- Diverse espressioni di uso comune hanno un corrispettivo sia nel linguaggio formale sia in quello informale:

comune	formale	informale
Pardon? Sorry?	*I beg your pardon*	*What?*
Thank you	*Thank you*	*Thanks*
all right	*in order*	*OK*
mend	*repair*	*fix*

- Decisamente **informali** sono:

- lo *slang*, un linguaggio anticonvenzionale o particolarmente espressivo proprio di certi gruppi o ambienti sociali

  *See you down at the **boozer** (→ See you down at the pub)*
  Ci vediamo al **pub**

  *OK, let's **shove off** (→ All right, let's go)*
  Va bene, **andiamo**

- le *taboo words*, parolacce e imprecazioni che fanno riferimento soprattutto al sesso o agli escrementi

  bitch puttana, ***bastard*** bastardo, ***fuck off*** vaffanculo, ***shit*** merda, ***turd*** stronzo

- Per quanto riguarda la grammatica, a differenza del linguaggio formale in quello **informale**:

- si usano le forme contratte dei verbi ausiliari

  formale: *She **is** late. It **is not** possibile*
  informale: *She's late. It **isn't** possibile*

- nelle relative le preposizioni si spostano alla fine della frase

  formale: *In which century did E.A.Poe live?*

  informale: *Which century did E.A.Poe live in?*

- si usano i pronomi complemento in tono enfatico dopo *it is/was*

  formale: *It was she who first saw what to do*

  informale: *It was her that first saw what to do*

- è frequente l'ellissi (omissione di parole)

  formale: *Have you seen Jack?*

  informale: *Seen Jack?*

- *neither* prende il verbo al plurale

  formale: *Neither of us likes this music*

  informale: *Neither of us like this music*

NOTE

NOTE

NOTE

NOTE